Du machst mich krank!

Kurt Tepperwein

Du machst mich krank!

Die Sprache der Symptome
erkennen und verstehen

Warum viele Beziehungen
so ungesund sind

Weltbild

Genehmigte Lizenzausgabe
für Verlagsgruppe Weltbild GmbH,
Steinerne Furt, 86167 Augsburg
Copyright © 1996 by mvg-verlag im
verlag moderne industrie, München
Umschlaggestaltung: Paetow & Fliege, Augsburg
Umschlagmotiv: ZEFA, Düsseldorf
Gesamtherstellung: Oldenbourg Taschenbuch GmbH,
Hürderstraße 4, 85551 Kirchheim

ISBN 3-8289-1965-0

2005   2004
Die letzte Jahreszahl gibt die aktuelle Lizenzausgabe an.

Alle Rechte vorbehalten.

Einkaufen im Internet: *www.weltbild.de*

Inhalt

Vorwort 9

Teil I 11

1. Einleitung 11

2. Lernfeld Partnerschaft 13
Allgemeines • Kommunikation • Toleranz •
Ehrlichkeit • Eigenverantwortung • Freiheit • Einheit
• Liebe

3. Der Schlüssel für jede Krise 37
Wo stehe ich? • Was will ich? • Wie komme ich
dahin?

4. Psychosomatik, Beziehung und Gesundheit 49
Psychosomatik

Teil II 57

Register 1: Beziehungsphasen und ihre Bedeutung 57

1. Alleinsein 58
Ich kann nicht allein sein • Ich will allein sein •
Keiner ist gut genug • Mich will keiner • Ich traue
mich nicht • Ich verliebe mich nie

2. Kennenlernen 69
Immer wieder das gleiche Problem • Ich gebe mich
auf • Ich kann mich nicht entscheiden • Ich
habe Angst vor Ablehnung • Ich will nicht enttäuscht
werden • Ich verliebe mich so schnell

3. Zusammensein 82

Liebe: Was ist nun eigentlich Liebe? • Keiner liebt mich wirklich • Ich kann nicht lieben • Meine Liebe ist so launisch 82

Eifersucht: Meine Eifersucht plagt mich • Mein Partner engt mich ein mit seiner Eifersucht 89

Treue: Mein Partner geht fremd • Ich halte nichts von Treue, aber mein Partner duldet es nicht 93

Kommunikation: Wir reden aneinander vorbei • Ich will immer Recht haben • Ich verstehe meinen Partner nicht • Ich komme mit den Gefühls-ausbrüchen nicht klar • Ich sage nicht, was ich denke • Ich kann meinem Partner nicht alles sagen • Ich kann nicht streiten • Die wichtigsten Regeln für ein erfolgreiches Gespräch 96

Sexualität: Ich habe keine Lust mehr • Ich fühle mich überfordert • Ich will mehr • Unser Sex ist langweilig • Mein Partner will nur Sex 103

Geld: Ich will keine gemeinsame Kasse • Ich will einen reichen Partner • Ich kann nichts annehmen • Ich will nicht abhängig sein • Mein Partner liebt nur mein Geld 110

Macht: Ich habe nichts zu sagen • Ich kann nicht nein sagen • Mein Partner macht alles, was ich will • Ich kann nicht tun, was ich will 117

Alltag: Wir sind so unterschiedlich 124

4. Trennung 126

Ich kann nicht loslassen • Wir werden uns nicht einig • Ich will nicht verletzen • Ich verkrafte die Trennung nicht

Register 2: Gefühle - Mögliche körperliche Folgen 132

Einleitung 132

A: Abhängigkeit • Ablehnung • Abweisung • Agression
• Angst • Anspannung 133
D: Desinteresse • Druck 137
E: Eifersucht • Einengung • Einsamkeit • Ekel •
Entmutigung • Enttäuschung • Erregung •
Erschöpfung 138
H: Haß 143
K: Kälte • Kraftlosigkeit 144
L: Langeweile • Leere • Leidenschaft 145
M: Minderwertigkeitsgefühle • Mißtrauen • Mitleid •
Müdigkeit 147
N: Neid 150
P: Panik 151
R: Rachsucht 151
S: Streß 152
T: Trauer 153
U: Überforderung • Überheblichkeit • Unbefriedigt-Sein
• Unruhe • Unsicherheit • Unverständnis •
Unzufriedenheit 153
W: Wut 158
Z: Zweifel 159

**Register 3: Die Bedeutung der Krankheitsbilder -
Was ist zu tun?** 160

A: Adipositas (Fettsucht) - Übergewicht • Aids
(Acquired Immune Deficiency Syndrome) • Akne •
Alkoholsucht • Allergie • Arthritis • Arthrose •
Asthma 160
B: Bandscheibenprobleme • Bindegewebsschwäche •
Bindehautentzündung • Blähungen • Blutdruck
(hoch) • Blutdruck (niedrig) 169

D: Depression • Diabetes • Dickdarmentzündung • Durchfall 175

E: Erkältung 180

F: Frigidität 181

G: Gallenstörungen • Gicht • Gürtelrose 182

H: Haarausfall • Hautausschlag • Heiserkeit • Herpes simplex (Fieberbläschen) • Herzprobleme 185

I: Impotenz • Infektionen (allgemein) 191

J: Juckreiz 193

K: Karies • Knochenbrüche • Kopfschmerz (Migräne) • Krampfadern • Krebs • Kreislaufstörungen • Kurzsichtigkeit 194

L: Lähmung (allgemein) • Leistenbruch 202

M: Magenschleimhautentzündung (Gastritis) • Magersucht • Mandelentzündung • Menstruationsbeschwerden • Multiple Sklerose • Muskelkrämpfe • Muskelschwund 204

N: Nackenbeschwerden • Nervosität 211

O: Ohnmacht • Ohrenschmerzen 213

P: Parodontose • Prostatabeschwerden • Polyarthritis 215

R: Rheuma • Rückenprobleme 218

S: Schielen • Schilddrüsenüberfunktion • Schlaflosigkeit • Schlaganfall • Schmerz • Schnupfen • Schuppenflechte (Psoriasis) • Schwangerschaftsprobleme • Schwerhörigkeit • Schwindel • Sehnenscheidenentzündung • Sodbrennen • Star (grauer) • Star (grüner) • Stottern 221

T: Thrombose 236

U: Übelkeit und Erbrechen • Unfruchtbarkeit 237

V: Verstopfung 239

W: Weitsichtigkeit 240

Vorwort

In meiner Praxis konnte ich immer wieder erleben, daß Partnerschaften scheiterten, bevor sie richtig begonnen hatten. Die Chance zur Entwicklung wurde nicht erkannt, weil jeder nur Bequemlichkeit suchte. Solange ich aber etwas nicht haben will, etwas nicht erleben will, werde ich immer wieder damit konfrontiert, sei es durch den Partner, durch andere Beziehungen oder die Lebensumstände. Das Ziel der Evolution ist nicht Bequemlichkeit, sondern Fortschritt und Bewußtseinserweiterung, um ein „Wir-Bewußtsein" zu entwickeln. Jeder Widerstand zieht die abgelehnte Erfahrung in mein Leben. Mein Partner ist also niemals die Ursache für mein Problem. Ich bin die Ursache - mein Partner bringt es nur zum Vorschein. Scheinbar macht mich der andere krank, aber in Wirklichkeit, ist es mein Widerstand, der mich krank macht. Mein Partner macht mich gesund, indem er mir die Chance gibt, den Widerstand aufzulösen.

Vor allem aber hilft mir der Partner, zur wirklichen Liebe zu finden und damit mein wahres Wesen zu erkennen. Partnerschaft ist nicht der einzige Weg zu diesem Ziel, aber es ist ein sehr direkter, der obendrein sehr schön sein kann. Wie effektiv er ist, hängt allein von unserer Offenheit und Bereitschaft ab, sich ganz einzulassen. Indem wir uns dieses bewußt machen, erkennen wir die große Chance jeder Beziehung und die scheinbare Schwierigkeit als Möglichkeit, uns selbst wieder einen Schritt näher zu kommen.

Partnerschaft ist ein Weg, auf den man sich gemeinsam geht, um bei sich selbst anzukommen. Es ist mir eine Freude, Ihnen mit diesem Buch einen Ratgeber an die Hand geben zu können, der Ihnen in allen Beziehungskrisen weiterhelfen kann.

Dank

Ganz besonders möchte ich an dieser Stelle meinem Freund und Co-Autor, Karsten Grimberg, danken, der mit seinem einfühlsamen Wesen und seinem medizinischen Wissen viel dazu beigetragen hat, dieses Buch zu dem zu machen, was es nun sein kann: Ein Helfer in einer schwierigen Beziehungssituation.

Kurt Tepperwein

Teil I

1. Einleitung

Beziehungen haben in unserem Leben eine zentrale Bedeutung. Nur wenige ziehen das Alleinsein vor, nicht selten um den unangenehmen Seiten einer Partnerschaft aus dem Weg zu gehen. Diese manchmal schwierigen Phasen bleiben in keiner Beziehung aus und dies beschränkt sich nicht nur auf die Partnerschaft. Ob mit Kollegen oder im Sportverein - überall gibt es immer wieder Reibungspunkte.

Wie groß der Einfluß solcher Auseinandersetzungen auf unsere Stimmung ist, weiß wohl so ziemlich jeder. Aber auch unser Körper bleibt von diesen Einflüssen nicht verschont. Die Weisheit unserer Sprache bringt dieses sehr deutlich zum Ausdruck. „Du brichst mir das Herz", „Du nimmst mir die Luft zum Atmen", „Du gehst mir auf die Nerven", sind nur einige Beispiele, die auf diesen Zusammenhang hinweisen.

Was aber steht in Wahrheit hinter diesen Geschehnissen? Wie sind die wirklichen Zusammenhänge zwischen unseren Beziehungen und unserer Gesundheit?

Diesen Fragen werden wir in diesem Buch nachgehen und erkennen, daß wir selbst den Schlüssel in der Hand halten.

Vor allem soll dieses Buch aber als praktischer und unkomplizierter Ratgeber dienen. Aus diesem Grunde besteht es zum größten Teil aus drei Registern, die ein einfaches Nachschlagen ermöglichen.

Zum Umgang mit diesem Buch

Im ersten Teil dieses Buches gehen wir auf die Bedeutung von Beziehungen ein, um die gesundheitlichen Zusammenhänge und den Sinn einer Begegnung zu verstehen. Dies führt zu einem universalen Schlüssel, den wir in jeder Lebenskrise erfolgreich anwenden können.

Der zweite Teil des Buches ist in erster Linie als Nachschlagewerk gedacht und gliedert sich in drei Registerteile.

Im *Register 1* werden typische Beziehungsprobleme beleuchtet und Hintergründe und Lösungswege aufgezeigt.

Die möglichen gesundheitlichen Folgen können Sie im *Register 2* nachschlagen. Hier sind den jeweiligen, scheinbar negativen Gemütszuständen, die jede Krise begleiten, die möglichen körperlichen Folgen zugeordnet.

Register 3 geht auf die Ursachen und die Bedeutung der Krankheitsbilder ein und zeigt auf, was zu tun ist.

Suchen Sie also im Inhaltsverzeichnis zum jeweiligen Register nach der problematischen Beziehungsphase, nach dem Gefühl oder nach dem Krankheitsbild, daß Sie gerade interessiert.

Jede Auseinandersetzung ist einzigartig und hat ihre Eigenheiten. Sie besteht aus vielen einzelnen Komponenten, von denen jede eine wichtige Botschaft enthält. In diesem Buch kann verständlicherweise nicht auf alle Besonderheiten eingegangen werden, und das ist auch nicht der Sinn. Dieses Buch kann Ihnen nur einen Ansatz für Ihre individuelle Problemlösung anbieten. Dafür gibt es Ihnen aber den Schlüssel an die Hand, mit dem Sie Ihre Probleme selbst lösen können. Die Beispiele im zweiten Teil von: „Du machst mich krank!" sollen Ihnen einen Rahmen bieten, aber vor allem Ihre Fähigkeit entwickeln, die Botschaften, die in allen Erscheinungen und Abläufen enthalten sind, selbst zu erkennen und richtig zu deuten.

2. Lernfeld Partnerschaft

Allgemeines

„Hat Partnerschaft einen Sinn?" Das ist die Frage, über die sich schon viele Philosophen den Kopf zerbrochen haben. Selbst wenn man die Frage mit „Ja" beantwortet, schließt sich dem sofort die nächste Frage an: „Welchen Sinn?"

Wie immer im Leben, ist die Beantwortung jeder Frage abhängig von eigenen Standpunkt.

Z.B. hat - rein materialistisch gesehen - Partnerschaft auf jeden Fall einen Sinn. Früher war das ein wesentlicher Grund für das Zusammenleben zweier Menschen. Heute hat das nicht mehr diese Bedeutung, zeigt sich aber z.B. auch noch in dem steuerlichen Vorteil der Ehe.

Von einer anderen Ebene aus betrachtet, erscheint Partnerschaft sehr bereichernd und damit ebenso sinnvoll. Gibt sie doch Geborgenheit, Zärtlichkeit, Vertrauen - Dinge, die uns sehr am Herzen liegen und uns sehr gut tun.

Im Rahmen dieses Buches beleuchten wir die Frage: „Hat Partnerschaft einen Sinn?", in einem größeren Kontext. Von diesem Standpunkt aus wird sie nicht alleine für sich betrachtet, sondern in Bezug auf die dahinter stehende Frage: „Hat das Leben einen Sinn?". Auch diese Frage kann man natürlich von verschiedenen Seiten betrachten. Im folgenden werden wir das aus der menschlichen Perspektive tun und versuchen, dabei einen gemeinsamen Nenner zu finden.

Fangen wir doch gleich mit einem der einfachsten gemeinsamen Nenner aller Menschen an. An dieser Stelle wage ich zu behaupten, daß jeder Mensch das Bestreben hat, glücklich zu sein oder es zu werden. Manche würden statt dessen vielleicht lieber einen anderen Begriff wählen, wie zum Beispiel Zufriedenheit, Freude, Glückseligkeit etc. Gemeint ist ein Ausdruck für die Sehnsucht, die jeder in sich fühlen kann, wie immer er sie bezeichnen will.

Mit der Ausrichtung, glücklich zu sein oder zu werden, denkt und handelt jeder in dem Rahmen und mit den Möglichkeiten, die ihm zur Verfügung stehen. So schafft er sich Dinge in seinem Leben, von denen er glaubt, daß sie ihn glücklich machen und vermeidet die Dinge, von denen er glaubt, daß sie ihn nicht glücklich machen. Die Handlungen können dabei sehr unterschiedlich sein. Die einen raffen sich auf, arbeiten viel oder begeben sich in Askese, um dadurch den ersehnten Zustand zu erreichen. Andere sind davon überzeugt, daß Anstrengung sie nicht dahin führen wird und versuchen, nur das zu tun, was keine Mühe macht, ihnen leicht fällt und nicht weh tut. Manche resignieren, glauben nicht oder nicht mehr, daß sie zu ihrem Glück aktiv beitragen können. Sie warten darauf, daß etwas geschieht, sind unglücklich und fühlen sich als Opfer.

Vom Standpunkt des Menschen betrachtet (und das ist der einzige Standpunkt, der für dieses Buch interessant ist, denn wir sind Menschen), ist der Sinn des Lebens also, glücklich zu sein.

Jede Kraft, jede Aktivität des Menschen wächst letztendlich aus dieser Sehnsucht heraus. Alle Religionen, alle Philosophien versuchen einen Weg aufzuzeigen, an dessen Ende die Erfüllung dieser Sehnsucht steht. Auch wenn es dann nicht mehr als „glücklich sein" bezeichnet wird, sondern viele andere Namen hat, wie Vollkommenheit, Einheit, Gott, Nirvana etc. Das sind Begriffe, die von denjenigen gewählt wurden, die dieses Ziel erreicht haben und versuchten, diesen Zustand zu beschreiben. Womit sie uns auch alle ganz deutlich zu verstehen geben wollten, daß man diese Begriffe nur verstehen kann, wenn man den Zustand erreicht hat. Leider haben das viele Menschen mißverstanden und diskutieren noch heute über Gott, Einheit, Nirvana etc.

Halten wir uns also an das, wozu wir einen Bezug in uns finden können, was wir fühlen können, und nicht an etwas, was rein theoretisch ist und uns nur von uns selbst entfernt. Was uns aber alle Philosophien und Religionen sagen, ist, daß wir am

Ende, wann immer das sein wird, alle unser Ziel erreichen können und werden. Leider haben sich in Bezug auf die Sicherheit des Erreichens in manchen Religionen und Glaubensrichtungen Veränderungen eingeschlichen, die an das Erreichen des erwünschten Zieles Bedingungen knüpfen. Erfüllt man diese, wird man glücklich. Falls nicht, kommt man in die Hölle oder so ähnlich. Die Bedingungen veränderten sich im Laufe der Zeit und paßten sich den gegebenen Umständen und vor allem den Bedürfnissen an.

In dieser gemeinsamen Aussage, in dem Vertrauen und der Zuversicht, daß wir alle das Ziel unserer Sehnsucht erreichen werden, liegt die große Kraft und das große Geschenk aller Philosophie, Religionen, Glaubensrichtungen etc. Sie stärkt unsere Sehnsucht, unser Vertrauen und treibt unsere Suche damit an. Es ist eine wichtige Komponente, die unser Voranschreiten auf dem Weg zum Glück fördert.

Wie verheerend die oben erwähnten Veränderungen in manchen Religionen und Glaubensrichtungen wirklich sind, wird dadurch deutlich: Durch das geschickte Einfügen von Bedingungen wurde dem Menschen suggeriert, daß er etwas falsch machen könnte. Diese Möglichkeit läßt ihn in seinem Voranschreiten zögern, denn er will ja nichts dem Erreichen seiner Sehnsucht in den Weg stellen. Das Ziel ist ihm zu wichtig, um einen Fehler zu riskieren, der ihn dann nachher in der Hölle schmoren läßt, anstatt glücklich zu sein. Bevor er also einen falschen Schritt macht, macht er lieber gar keinen und versucht währenddessen, Sicherheit und Klarheit darüber zu finden, wie der nächste Schritt sein muß. Zweifel, Zögern, Resignation und Stillstand sind die Folgen. Das Problem ist nur, daß er es theoretisch nie herausfinden wird. So dreht er sich im Kreis und sucht überall nach Antworten auf seine Fragen, um dann letztendlich wieder auf sich selbst zurückgeworfen in sich selbst nach den Antworten zu suchen.

Wie immer also das Ziel nachher aussehen mag und wie man es bezeichnen will, ist doch ganz gleichgültig, wenn wir nur unsere Sehnsucht erfüllt fühlen. Das ist alles, was wir wollen, und nur das kann ein für uns sinnvolles Leben sein.

Wenn also Partnerschaft einen Sinn hat, und dieser nicht konträr zum Sinn des Lebens stehen soll, dann kann er nur darin liegen, dem Menschen zu seinem Glück zu verhelfen. Aber was ist das Glück des Menschen? Was bedeutet die Erfüllung seiner Sehnsucht?

Wie wir schon festgestellt haben, gibt es für diese Fragen keine befriedigende und nützliche Antwort, weil wir sie nicht verstehen können, solange wir das Ziel nicht erreicht haben. Warum interessiert uns diese Frage also so sehr? Ist es der Zweifel, ob es wirklich so ist, wie wir es uns ersehnen? Teilweise ja, obwohl es uns ja alle bestätigen, die dieses Ziel jemals erreicht haben, und damit unser Vertrauen stärken. Doch was wir uns vor allem von der Antwort erhoffen, ist eine Wegbeschreibung zu unserem Ziel, dem Glück. Eine klare Aussage darüber, was wir tun sollen und was wir lassen sollen. Dahinter steht eigentlich die Angst, den falschen Weg zu gehen, in eine Sackgasse zu geraten oder einen unnötigen Umweg zu machen, also etwas falsch zu machen.

Ähnlich wie mit dem Ziel, so ist es auch mit dem Weg dorthin. Wir verstehen nicht richtig, was mit den vielen weisen Ratschlägen gemeint ist. Wir können es auch nicht verstehen, da wir den Weg noch nicht gegangen sind. Erst wenn wir den Weg gegangen sind, werden wir es verstehen. Wir haben zu diesen vielen Ratschlägen genauso wenig Bezug wie zu den Begriffen, die das Ziel beschreiben (Gott, Einheit...). Wir fühlen es nicht in uns.

Also gehen wir wieder zurück zu uns selbst. Horchen wir in uns selbst hinein. Wenn wir in uns eine Sehnsucht fühlen, dann muß es auch einen findbaren Weg in uns geben. Genau dieses sagen übrigens auch alle Philosophien und Religionen. Ich kann diesen Weg natürlich auch negieren, wenn ich ihn nicht sehen will, aber er ist in mir. Schauen wir also mal hin, was in uns ist. Das eine ist unsere Sehnsucht, ein Gefühl von dem, was ich will. Das andere sind Gefühle wie Hunger, Müdigkeit, Lust irgend etwas zu tun, Ärger usw.

Nun fragen sich viele - und vielleicht auch einige, die schon soviel und so lange nach innen geschaut haben - wo denn da ein erkennbarer Weg sein soll. Das ist genau der Weg! Es geht nur darum, das zu fühlen und anzunehmen, was in uns ist. Ob das nun unsere Gedanken sind, ob das Ärger, Freude, Wut oder Dankbarkeit ist. Egal was gerade da ist, es will nur wahrgenommen und gefühlt werden. Das ist alles! Wir haben uns als freie Wesen, die wir sind, entschieden, etwas bestimmtes zu erleben, was uns nicht unbedingt bewußt sein muß. Haben wir es erlebt, gefühlt, dann hat sich der Zweck, warum wir es erschaffen haben, erfüllt. Wir entscheiden uns neu, was wir nun erleben wollen, womit der Kreislauf von vorne beginnt. Es ist ein Spiel.

Wollen wir nun etwas nicht mehr erleben, weil wir vielleicht den Standpunkt geändert haben, unsere Meinung geändert haben, dann leisten wir Widerstand und wehren uns gegen die gegebenen Verhältnisse. Wir sind nicht mehr im Fluß des Lebens. Das ist die Ursache allen Leids: Wir weigern uns zu erleben, was wir uns selbst ausgesucht haben. Doch bevor ich es nicht erlebt, gefühlt habe, kann es sich nicht auflösen. Es begleitet uns und drängt sich immer wieder in den Vordergrund, um seine ursprünglichen Absichten zu erfüllen.

Indem ich alles annehme, was gerade da ist, und es bereitwillig erlebe, lösen sich alle diese Verstrickungen auf. Das ist damit gemeint, wenn es heißt: „Seid ehrlich", und genau das ist damit gemeint, wenn es heißt: „Die Wahrheit wird Euch frei machen." Das, was wirklich ist, ist die Wahrheit. Und das, was ich in mir wahr-nehme, ist wirklich da und will nur gefühlt werden. Die Wahrheit ist immer einfach. Es gibt nichts besonderes zu tun. Das ist der Weg zur Erfüllung unserer Sehnsucht. Was trennt uns davon?

Vieles, was in uns ist, wollen wir nicht fühlen. Wir wollen nicht, daß so etwas in uns ist, verleugnen Haß, Aggressionen, Intoleranz, aber auch Macht, Kraft u.a. Unsere Vorstellungen, wie wir sein sollen, was gut und schlecht ist, wie wir sein möchten bzw. auf keinen Fall sein möchten, bestimmen, was wir in uns annehmen bzw. nicht haben wollen und verleugnen.

Wir tragen aber alle Eigenschaften in uns und solange wir bewerten, also aussortieren, was wir haben wollen und was nicht, verdrängen wir einen Teil. Und dieses Verdrängen ist anstrengend und verursacht, daß wir leiden.

Das Potential zur Erfüllung unserer Sehnsucht tragen wir in uns. Wenn wir aber nur einen Teil von uns annehmen, dann nehmen wir auch nur einen Teil unseres Glücks an. Es geht darum, alles anzuerkennen, was in mir ist. Genau das drückt sich in der einen, immer wieder auftauchenden Frage aus: „Wer bin ich wirklich?" Hinter dieser Frage steht nichts anderes als die Suche nach mir selbst, nach dem Teil, der mir unbewußt ist, den ich verdränge und nicht sehen will.

So suchen wir überall nach der Antwort auf diese alles entscheidende Frage und erkennen nicht, daß das Leben selbst der ideale Lehrer ist. Im Außen können wir wunderbar erkennen, welche Teile wir von uns ablehnen und was wir angenommen haben. Alles, was wir bei anderen ablehnen, nicht gut finden, zeigt uns, was wir bei uns selbst nicht gut finden und dementsprechend auch nicht sehen wollen. Bei anderen Menschen schauen wir ungehemmt auf diese Dinge, weil wir glauben, daß es nichts mit uns zu tun hat. Ein schöner Irrtum!

Jeder kennt das aus seinem Leben, daß er manchmal von Situationen genervt ist, die ihn zu einem anderen Zeitpunkt völlig gleichgültig lassen. Früher haben uns manche Eigenschaften, Verhaltensweisen etc. gestört, die uns heute überhaupt gar keine Probleme mehr machen. Dieses zeigt doch offensichtlich, daß es an uns liegt, wie bestimmte Dinge im Außen oder Eigenschaften von Menschen auf uns wirken. Der andere, unser Gegenüber, ist dabei nur der Auslöser.

Bemerkenswert ist dabei auch, daß wir Eigenschaften teilweise gar nicht mehr wahrnehmen, wenn sie uns nicht mehr stören, bzw. manche uns erst später anfangen zu nerven, obwohl sie schon immer da waren. Ein weiteres Zeichen dafür, daß die Ursache für die Wirkung, die andere Menschen auf uns haben, offensichtlich in uns liegt.

Bei genauerer und ehrlicher Betrachtung können wir auch den Zusammenhang erkennen, warum wir manchmal mit unseren Mitmenschen nicht klarkommen. Gesund lebende Menschen, vielleicht sogar fanatisch in unseren Augen, stören uns nur dann, wenn sie ein schlechtes Gewissen in uns auslösen oder uns an unseren eigenen Fanatismus erinnern. Ansonsten würden wir sie genauso wenig beachten, wie die völlig ungesund lebenden Menschen. Daß viele sich an Menschen stören, die keinen besonderen Wert auf ihr Äußeres legen, liegt doch meistens daran, daß ihre eigene Eitelkeit ein solches Verhalten gar nicht zulassen würde. Warum ärgert es manchen, wenn jemand ganz ungeniert sagt, was er denkt? Doch nur weil er sich selbst nicht traut zu sagen, was er denkt.

Letztendlich zeigt uns unser Gegenüber nur, was eigentlich mit uns los ist. Die Aggression gegen andere richtet sich immer gegen uns selbst. Intoleranz, Haß, Wut usw. gelten immer nur uns selbst. Daß ein solches Verhalten, mit dem wir uns ja im allgemeinen nicht wohl fühlen, früher oder später auch zu körperlichen Krankheitssymptomen führt, ist inzwischen schon weithin bekannt und angenommen.

Eigenschaften, die wir bei uns selbst angenommen haben, stören uns auch nicht mehr bei anderen. Jemand, der seine eigene Unzuverlässigkeit kennt und angenommen hat, der kann sie auch bei seinem Nächsten akzeptieren.

Es gibt allerdings auch eine Kehrseite dieser Medaille, die leider selten erwähnt wird. Sie funktioniert nach dem gleichen Prinzip. Unsere Umwelt spiegelt uns nicht nur die eine Seite unseres Seins wider, die, die wir als unangenehm bezeichnen, sondern alle Seiten unseres Seins. In unserem Unbewußten befinden sich nicht nur die Eigenschaften und Fähigkeiten, die wir mit unserer derzeitigen Einstellung lieber nicht haben wollen, sondern auch die Eigenschaften und Fähigkeiten, die wir als äußerst positiv bezeichnen würden. Wir sind von Menschen begeistert und sagen, daß wir sie lieben, wenn sie aus unserer Sicht besondere Eigenschaften oder Gaben haben. Wir versuchen, in ihrer Nähe zu sein, vielleicht sogar, uns an sie zu klammern und sie an uns zu binden, nur um dieses Potential zu haben. Wir nennen es zwar häufig Liebe, aber ehrlich betrachtet ist es wohl meistens Neid. Leider haben wir Schwierigkeiten, diese Eigenschaften, auf die wir neidisch sind, auch als unser eigenes Potential anzuerkennen. Wir glauben nicht, daß sie auch zu uns gehören, daß wir ein solches Potential in uns tragen, daß wir es verdient haben und wir dieses tatsächlich in unser bewußtes Leben integrieren können.

Ob wir das glauben oder nicht, unsere Welt spiegelt unser ganzes Sein wider. Wenn wir Menschen wunderbar finden, ihre Eigenarten und Charakterzüge lieben, dann ist das nur ein Spiegel unseres eigenen Seins, auch wenn wir es nicht wahrhaben wollen. Wir tragen alles in uns, ob „negativ" oder „positiv", ob bewußt oder unbewußt.

Jede Bewertung ist ein Zeichen, daß ich einen Teil von mir noch nicht angenommen habe. Widerstand, Ablehnung, Kritik richten sich immer gegen mich selbst. Jedes „Habenwollen" jedes Brauchen, ist ein Nicht-Anerkennen meiner eigenen Fähigkeiten. So ist das Außen nur ein Spiegel meines Seins. Es zeigt mir, wo ich noch nicht „ganz" bin und hilft mir, „ganz" zu werden. Das ist damit gemeint, wenn es heißt „eins zu werden" mit allem. Dann habe ich mein ganzes Sein angenommen und mein Potential verwirklicht. Meine Sehnsucht ist erfüllt: Ich bin glücklich!

Jedes Miteinander hilft uns also zu erkennen, was wir noch nicht als einen Teil von uns angenommen haben. Das ist die Absicht, die hinter jedem anderen Zweck von Partnerschaft steht: zu erkennen, wer wir wirklich sind.

Nun neigen wir ja leicht dazu, allem Unangenehmen aus dem Weg zu gehen, weshalb wir viele Menschen meiden. Damit nehmen wir uns natürlich selbst die Möglichkeit, an ihnen zu wachsen. Wir gehen davon aus, daß der andere tatsächlich für unser Wohlbefinden bzw. Nicht-Wohlbefinden verantwortlich ist. Dabei sind wir es, die mit der Art, dem Handeln, dem Ausdruck usw. des anderen nicht zurechtkommen. Uns stört etwas, wir halten etwas für falsch, unrichtig und böse, uns paßt etwas nicht.

Viele Menschen aber haben diese Tatsache noch nicht erkannt und projizieren das, was in ihnen ist, nach außen, auf andere Menschen: „Du hast mich verletzt!", „Du hast mich enttäuscht und betrogen!", „Du bist schuld!", „Du machst mich glücklich!". Manchmal auch in einer anderen Form: „Ich muß aufpassen, daß ich nicht verletzt, betrogen, enttäuscht usw. werde!" Diese Menschen fühlen sich als Opfer, abhängig davon, wem sie nun gerade begegnet sind, bzw. ob sie das „Glück" haben, den richtigen Partner bzw. die richtige Partnerin zu treffen. Dabei sind wir es, die die entsprechenden Beziehungen und Partnerschaften anziehen. Und deshalb ist es auch immer der „richtige Mensch", der uns begegnet. Ob nun als Partner, Kollege, Freund oder Feind, immer haben wir uns diesen Menschen ausgesucht, damit er uns etwas zeigt, uns hilft, uns weiter zu „ent-wickeln", damit mehr von uns an die Oberfläche kommt, damit wir mehr und mehr erkennen, wer wir wirklich sind.

Das ist der Sinn unseres Daseins, das ist das, was wir eigentlich wollen: Erkennen und Sein, was wir wirklich sind.

Die Instanz in uns, die sich dessen bewußt ist, läßt uns die Menschen und Partner treffen und aussuchen, die diesem Ziel am effektivsten dienen. Diese Instanz kennt auch kein „Gut und Böse" oder „Richtig und Falsch"; sie sieht die Dinge so, wie sie sind, ohne unser sogenanntes „Schubladensystem". Und genau das will sie uns auch erkennen lassen, damit wir nicht mehr irgendwelche Dinge ablehnen, die ja letztlich unsere eigenen sind. Mit diesem Widerstand behindern wir unsere Entwicklung. Genau genommen stimmt das eigentlich nicht, denn Entwicklung geschieht in jedem Fall. Die Instanz in uns, unser höheres Selbst, bewertet nicht und sortiert nicht aus. Unsere Entwicklung können wir nicht behindern. Das einzige, was geschieht, ist, daß wir es als leidvoll empfinden, weil wir es nicht haben wollen, es bewerten und Widerstand leisten. Das ist der Grund allen Leids. Würden wir bereitwillig erleben, unseren Widerstand aufgeben, dann würden auch wir erkennen, daß es kein „Gut und Böse", „Richtig und Falsch" gibt. Wir würden eins werden mit diesem höheren Bewußtseinszustand, der eben nicht mehr bewertet und der offensichtlich mehr Fähigkeiten besitzt und größeren Einfluß auf die Gestaltung unserer Außenwelt hat als wir.

Dieser Übergang ist natürlich ein fließender, und jeder von uns befindet sich irgendwo auf dem Weg dorthin. Je weiter wir gekommen sind, desto gelassener können wir auf die sogenannten äußeren Umstände reagieren, um so angstfreier sind wir und desto größer ist unsere Fähigkeit entwickelt, Einfluß auf die Gestaltung unserer Außenwelt zu nehmen. Wir sind tatsächlich die Schöpfer und werden jetzt mehr und mehr zu dem bewußten Schöpfer unserer Welt.

Wenn man diese Zusammenhänge betrachtet, dann zeigt sich die bedeutende Rolle der Partnerschaft für unsere Entwicklung. Sie beginnt mit dem Verliebtsein, einer Phase, in der wir den anderen nur von der besten Seite sehen und nichts da ist, was uns von ihm abstößt. In dieser Zeit entsteht Nähe und Vertrautheit.

Erst langsam beginnen wir dann auch Eigenschaften wahrzunehmen, die wir nicht so sehr mögen. Die Verbindung ist aber inzwischen so stark geworden, daß sie dadurch nicht auseinandergeht. Wir setzen uns also nun mit Unangenehmem auseinander, dem wir sonst aus dem Weg gehen würden. Je größer die Vertrautheit wird, desto mehr Konfrontation können wir aushalten. Das ist der große Wert der Partnerschaft. Durch ihre Bedeutung im Leben des Menschen ist sie für vieles die intensivste Lehre.

Kommunikation

Eine Partnerschaft und Ehe ist nicht unbedingt gut, wenn es in ihr keine Probleme und Streitereien gibt, auch wenn das bei vielen Menschen immer noch das angestrebte Ziel ist. Mit anderen Worten heißt das dann, daß Beziehungen, in denen eben Streit und Probleme vorkommen, nicht gut sind. Dieses sind eher Einstellungen einer konfliktscheuen Gesellschaft.

Es geht nicht darum, Situationen, Streit oder Probleme zu vermeiden, sondern vielmehr darum, einen entsprechenden Umgang mit diesen zu finden. Unser Leben ist ständigen Veränderungen unterworfen, davon wird auch eine Partnerschaft nicht verschont. Da bleibt es nicht aus, daß wir mit Situationen konfrontiert werden, die neu für uns sind, mit denen wir im ersten Moment nicht umzugehen wissen. Diese nicht sehen zu wollen, weil es dann vielleicht zu Streit und Problemen kommt, ist keine Lösung und führt nur zur Verdrängung und zu Verstrickungen. Daraus folgen dann früher oder später scheinbar unüberwindbare Konflikte, vor denen die Partner dann weglaufen und lieber die Beziehung beenden, als sich dieser Situation zu stellen. Sie fühlen sich tatsächlich überfordert, und das alles nur, weil sie die Auseinandersetzung scheuen. Der Sinn einer Partnerschaft ist nicht, sich mit Hilfe des anderen ein schönes, bequemes, konfliktfreies Leben zu machen, sondern aneinander zu wachsen und gerade die Verschiedenheiten, die meistens auch die Ursachen für Probleme sind, zu nutzen, um sich zu entwickeln.

Voraussetzung dafür ist das Miteinander-Kommunizieren, ein nie endendes Sich-Mitteilen und gegenseitiges Austauschen. Kinder tun das wie selbstverständlich, wenn sie nicht schon durch Umfeld und Erziehung darin eingeschränkt wurden. Sie machen deutlich, wenn ihnen etwas nicht paßt, fragen, wenn sie etwas wissen wollen und teilen uns alles mit, was sie bewegt und ihnen wichtig ist. Die meisten Erwachsenen haben das verlernt. Die Gründe dafür sind vielfältig, doch hauptsächlich liegen sie in der Angst vor Konflikten. Sie haben Angst vor Ablehnung und möglichem Verlust. Dabei ist genau dies letztendlich die Folge ihres Verhaltens. Sich nicht zeigen zu können, kommt einer Ablehnung nahezu gleich, und die Entfremdung, die im Laufe der Zeit durch mangelnden Austausch entsteht, unterscheidet sich nur äußerlich von einer Trennung.

Mit der Bereitschaft, wirklich im ständigen Austausch miteinander zu leben, sind die Spielregeln der Kommunikation ein Leichtes. Zuerst einmal sollten sich beide bewußt sein, daß alle eigenen Gedanken und Gefühle nur Gedanken und Gefühle sind. Sie sind weder gut noch böse, weder richtig noch falsch. Das gleiche gilt natürlich auch für die Gedanken und Gefühle des Partners. Jeder Mensch hat seinen eigenen, einzigartigen

Standpunkt. Vor dem Hintergrund, daß die Partnerschaft letztendlich ein Hilfsmittel der eigenen Entwicklung ist und daß alle Lebensumstände, einschließlich des Partners, nur unser eigenes Sein widerspiegeln, können wir jegliche Kritik und das Bestreben, den anderen ändern zu wollen, loslassen. Das sind die Voraussetzungen für eine wirkliche Kommunikation. Erst jetzt ist wirkliches Zuhören möglich. Rechthaberei und faule Kompromisse finden nun keinen Raum mehr. Gemeinsam kann man nun Lösungen finden, aus denen beide als Gewinner hervorgehen.

Wenn Sie etwas mit Ihrem Partner teilen wollen, dann verschaffen Sie sich die Möglichkeit dazu, und warten Sie nicht, bis der Zeitpunkt und der Ort zufällig stimmen. Trauen Sie sich jederzeit, das zu sagen, was Sie denken, und das zum Ausdruck zu bringen, was Sie fühlen. Motivieren Sie ihren Partner, das gleiche zu tun und leben Sie nicht aneinander vorbei. Sollte sich dadurch wirklich zeigen, daß Sie nicht zusammenpassen, dann doch lieber gleich eine Trennung, als nach weiteren unerfüllten Jahren. Sie verbauen sich selbst die Möglichkeit einer erfüllten Partnerschaft.

Seine Gedanken und Gefühle jederzeit mitteilen zu können, ohne diese zu bewerten, ist eine Fähigkeit, die wir uns in der Partnerschaft wunderbar aneignen können. Ohne diese Fähigkeit ist eine erfüllte Partnerschaft nicht möglich.

Toleranz

Viele Partnerschaftsprobleme haben ihren Ursprung in der Überzeugung, daß der Partner etwas falsch macht, nicht gut genug ist oder sonstige Einstellungen und Verhaltensweisen hat, die dem harmonischen Miteinander im Weg stehen. Mit dieser Einstellung kritisiert man den anderen und versucht, ihn zu ändern. Gelingt das nicht, bleibt einem früher oder später nur die Trennung.

Toleranz wird oft mißverstanden. Sie bedeutet nicht, den anderen in allem großartig zu finden oder ihn zu bewundern. Es bedeutet nur anzunehmen, daß der andere so ist, wie er ist, egal ob er stark oder schwach ist. Jemanden nicht zu tolerieren heißt, ihn verändern zu wollen. Mit anderen Worten heißt das, der andere soll nicht so sein, wie er ist. Da er aber so ist, bedeutet es konsequent zu Ende gedacht, daß er gar nicht sein soll.

Toleranz bedeutet, daß man den Partner so annimmt, wie er ist und erkennt, daß er sogar vollkommen so ist, wie er ist. Man versucht weder, ihm etwas beizubringen, noch ihn sonst irgendwie zu ändern. In dem Bewußtsein, sich den Partner angezogen zu haben, um mit ihm gemeinsam zu wachsen, erkennt man, daß er nur Spiegel des eigenen Seins ist und damit in jedem Moment der ideale Partner.

Im Umgang mit dem Partner kann man erkennen, wie weit man auf dem Weg der Selbstannahme gekommen ist. Kann man sich selbst so annehmen, wie man ist, dann versucht man auch nicht mehr, seinen Partner zu verändern. Toleranz kann man nicht machen, sie ergibt sich aus der Eigenliebe. In dem Maße, wie ich mich selbst liebe, bin ich tolerant gegenüber meinen Nächsten.

Ehrlichkeit

Das Thema Ehrlichkeit ist in unserer Gesellschaft ein besonders schwieriges Kapitel. Keiner spricht gerne darüber, weil er doch in der Regel selbst ein Unbehagen dabei fühlt. Wer kann schon von sich sagen, daß er uneingeschränkt ehrlich ist. Und trotzdem hat Unehrlichkeit überhaupt keinen guten Ruf. Dabei gibt es keinen gemeinsamen Nenner, wie der Umgang mit der Ehrlichkeit aussehen soll. Uneingeschränkte Ehrlichkeit wird vielfach als nicht sinnvoll bzw. taktlos und sogar als rücksichtslos bezeichnet. In allen Bereichen unseres Lebens ist die

„Notlüge", wie man sie so schön bezeichnet, an der Tagesordnung. Im Geschäftsleben wird sie gar nicht mehr als Unehrlichkeit bezeichnet, sondern vielmehr als taktische Maßnahme, deren Beurteilung direkt proportional zum Erfolg steht. Unser politisches und wirtschaftliches System könnte in der Form gar nicht existieren, wenn man konsequente Ehrlichkeit fordern würde.

Im allgemeinen bezieht man die Ehrlichkeit nur auf den verbalen Ausdruck des Menschen. Nur eine falsche Aussage, die Lüge, gilt als Unehrlichkeit. Ein Handeln, das eigentlich gar nicht dem entspricht, wonach einem im Moment zumute ist, wird nur selten mit Unehrlichkeit in Zusammenhang gebracht. Man lächelt, obwohl man vielleicht sehr traurig ist. Wut und Aggression werden runtergeschluckt, sind sie doch eines erwachsenen, reifen Menschens unwürdig. Man nimmt eine Einladung wahr, obwohl man gar keine Lust hat und schreibt Geburtstagskarten, die einem schon lange zum Hals raushängen. Auch dies gehört alles in das Kapitel Ehrlichkeit.

Ehrlichkeit bedeutet, nicht nur die Wahrheit zu sagen, sondern in allem authentisch zu sein; zum Ausdruck zu bringen, was wirklich da ist. Schlechte Laune wird nicht mit einem Lächeln überspielt, und auch Wut und Zorn können offen gezeigt werden.

Voraussetzung für ehrliches Verhalten ist demnach das Erkennen, das Wahrnehmen dessen, was gerade da ist. Vielen Menschen fällt das gar nicht leicht. Jahrelang haben sie ihre Unsicherheit, ihre Wut und ihre Traurigkeit nicht sehen wollen und überspielt, so daß es kein Wunder ist, daß sie sie gar nicht mehr richtig wahrnehmen. Es ist viel einfacher, unser Vorgehen zu rechtfertigen und zu verteidigen, als nach dem ehrlichen Grund zu suchen. Angriff ist die beste Verteidigung, heißt es im Volksmund, und dementsprechend ziehen viele den Angriff vor, als etwas zuzugeben.

Ehrlichkeit ist eine Frage des Mutes, etwas zuzugeben, was wir eigentlich nicht haben wollen, vor dessen möglichen Konsequenzen wir vielleicht sogar Angst haben. Mit jeder Unehrlichkeit geben wir nur zum Ausdruck, daß wir vor etwas Angst haben und nähren damit gleichzeitig die Angst. Natürlich finden wir viele vernünftige und einleuchtende Gründe, die unser Verhalten vor uns selbst rechtfertigen. Am beliebtesten ist das Argument der „Rücksicht", denn Rücksichtslosigkeit gegenüber unseren Mitmenschen kann ja nun wirklich nicht der richtige Weg sein. Man kann doch dem Nächsten nicht einfach irgendwelche Dinge sagen, die ihn verletzen, nur weil einem gerade danach ist.

Letztendlich ändert das nichts an der Tatsache, daß der eigentliche Grund für unsere Unehrlichkeit Angst ist. Häufig ist es die Angst vor Ablehnung, die Angst nicht geliebt zu werden. Grundsätzlich lassen sich alle diese Ängste in einer zusammenfassen: Die Angst vor unserer möglichen Unfähigkeit, mit irgendwelchen Situationen klarzukommen.

Das ist der Grund, warum die Ehrlichkeit eine so große Herausforderung für uns bedeutet. Müssen wir uns doch jeder Angst stellen, wenn wir ehrlich sein wollen, und das erfordert sehr viel Mut.

Es ist der einzige Weg, wirklich glücklich zu werden. Unsere Ängste können wir nur loslassen, wenn wir uns mit ihnen konfrontieren. Nur so können wir erkennen, daß sie unnötig sind, daß uns in Wahrheit nichts passieren kann. Ehrlichkeit ist der Schlüssel.

Unser sehnlichster Wunsch ist es, so geliebt zu werden, wie wir wirklich sind. Wir wollen uns weder verstellen noch Dinge tun, die uns gar nicht entsprechen. Doch wie können wir von anderen erwarten, daß sie uns so annehmen wie wir sind, wenn wir selbst dazu nicht in der Lage sind? Wie sollen sie unser wahres Sein annehmen, wenn wir es gar nicht zum Ausdruck bringen und ihnen zeigen? Wir wünschen uns Menschen, die uns motivieren und auffordern, ganz ehrlich zu sein mit der Versicherung, daß sie uns dann auch noch lieben. Aber das können diese nur, wenn sie selbst diesen Schritt schon getan haben und sich selbst so annehmen, wie sie sind. Und so warten viele darauf, daß der andere den ersten Schritt tut.

In der Partnerschaft kann man das immer wieder beobachten. Also machen Sie den ersten Schritt, stehen Sie zu sich, fordern Sie Ihren Partner auf, und motivieren Sie ihn zur Ehrlichkeit. Ehrlichkeit ist die Grundlage für Vertrauen, und Vertrauen ist die Basis einer wirklichen Partnerschaft. Vertrauen schafft den Boden, sich mit all seinen Seiten zeigen zu können. Es gibt uns das Gefühl, nach dem wir uns so sehnen: „Ich kann so sein, wie ich bin und ich werde geliebt, so wie ich bin."

Das ist das Gefühl von Geborgenheit, hier können wir entspannen und wieder auftanken. Deshalb ist Ehrlichkeit so wichtig. Wo keine Ehrlichkeit ist, kann auch kein Vertrauen sein. Es fehlt die Basis, und unsere Sehnsucht nach Geborgenheit bleibt unerfüllt. Hier können wir nicht auftanken, im Gegenteil eine solche Partnerschaft kostet Kraft.

Partnerschaft bietet uns den optimalen Boden, immer ehrlicher und authentischer zu werden. Die gegenseitige Liebe hält manche Herausforderungen aus, vor denen wir sonst davonlaufen würden. Jede Krise, jeder Konflikt ist die Aufforderung zur Ehrlichkeit. Jedes „Ja" zu uns selbst läßt uns unserer Sehnsucht wieder einen Schritt näher kommen.

So, wie wir diese Sehnsucht nach Frieden und Glücklichsein in uns tragen, so tragen wir auch den Weg dorthin in uns. Doch wenn wir nicht annehmen, was in uns ist und es nicht entsprechend zum Ausdruck bringen, wie sollen wir dann das erwünschte Ziel erreichen? Unser Potential entfaltet sich von selbst, wenn wir der Selbstentfaltung nur den entsprechenden Raum geben. Es gibt nichts zu tun, als „Ja" zu sagen, zu dem was da ist. Denn: „Die Wahrheit wird euch frei machen."

Eigenverantwortung

Gibt es einen Zufall, oder hat alles, was existiert, eine Ursache? Was ist die Ursache, die allem zugrunde liegt?

Als Zufall haben wir lange Zeit die Dinge bezeichnet, für die wir keine Erklärung finden konnten. Auf dem Wege des weiteren Forschens ließen sich dann einige Zufälle eliminieren, da sich eine Ursache finden ließ. Auch wenn wir heute noch nicht jede wahrnehmbare Wirkung verstehen und erklären können, gehen wir davon aus, daß jede Erscheinung eine Ursache hat.

So ähnlich verfahren wir auch persönlich, vor allem, wenn wir mit Situationen konfrontiert werden, die uns unangenehm sind. Wir suchen die Ursachen dafür, um die Situation verändern zu können. In der Partnerschaft äußert sich das meistens in dem sogenannten *Du-Spiel*, und statt „Ursache" benutzen wir das Wort „Schuld" :

- Du bist schuld.
- Du mußt ja immer Deinen Kopf durchsetzen.
- Du schränkst mich ein.
- Du vertraust mir nicht.
- Du willst Dich nur nicht darauf einlassen.
- Du hörst mir nie zu.
- Du willst mich ja gar nicht verstehen.
- Du willst ja nur haben.
- Du stellst Bedingungen.
- Du kannst mich nicht so lassen wie ich bin.

Dieses Spiel kann man natürlich beliebig fortsetzen. Jede Äußerung bezieht sich nur noch auf den anderen und geht davon aus, daß der Partner die Ursache für die eigene Situation ist. Besonders, wenn es sich um unangenehme Situationen handelt, neigen wir dazu, dem anderen die Schuld zu geben, weil wir selbst die Verantwortung dafür nicht übernehmen wollen. Aber das funktioniert nicht, auch wenn wir das noch so gerne hätten. Wir selbst sind die Ursache für alle unsere Erfahrungen. Dabei sprechen wir von Schuld, wenn es keine gewünschten Erfahrungen sind, und von Kreativität, wenn wir sie bewußt ins Leben gerufen haben.

Das gleiche gilt aber auch für die angenehmen Seiten, und dafür dürfen wir uns ruhig mal auf die Schulter klopfen, wenn wir uns schon auf der anderen Seite mit Selbstvorwürfen quälen.

„Du machst mich glücklich" ist auch nur eine Projektion von uns auf unseren Partner. Wir selbst sind die Ursache für unser Glück.

Eigenverantwortung zu übernehmen, ist ein wesentlicher Schritt in der menschlichen Entwicklung. Irgendwann fangen wir an, uns zu fragen, inwieweit wir selbst die Ursache für unsere Erfahrungen gesetzt haben. Wir beginnen, bewußt die Verantwortung für unser Handeln zu übernehmen. Je mehr wir erkennen, was wir selbst alles verursachen, desto größer wird die Verantwortung, die wir tragen. Ziel ist die totale Eigenverantwortung, die Erkenntnis, daß wir selbst alles, was wir erleben, verursachen. Einerseits bedeutet dies, daß wir die Verantwortung für unser Sein selbst tragen. Auf der anderen Seite beinhaltet es aber auch das große Potential, auf alle Geschehnisse Einfluß zu haben. In dem Maße wie wir unsere Eigenverantwortung annehmen und uns selbst als Ursache erkennen, entwickeln wir auch unser Potential, die Dinge bewußt zu beeinflussen.

Viele Menschen haben große Schwierigkeiten mit der Übernahme von Verantwortung. Müssen sie sich schon mit vielen Situationen auseinandersetzen, die ihnen sehr unangenehm sind und große Probleme bereiten, so sollen sie diese jetzt auch noch selbst verursacht haben. Das wollen sie nicht und können viele auch nicht aushalten. Es ist doch viel leichter, schwierige Situationen zu ertragen, wenn man nichts dafür kann. Man fühlt sich als Opfer und erträgt, was das Schicksal einem gebracht hat.

Weiß man aber, daß man es selbst verursacht hat, auch wenn man die Zusammenhänge nicht versteht, dann ist man aufgefordert, etwas zu tun und das Geschehen als eine Chance zu betrachten. Dann hört das Du-Spiel auf, und man spricht nur noch von sich. Das „Du hast mich verletzt" wird zum „Ich fühle mich verletzt". Schuld hat dann keinen Platz mehr.

Wenn beide die Verantwortung übernehmen und bei sich selbst nach den Ursachen der Konflikte suchen, dann hört das Spiel um Recht und Unrecht auf, und wahre Partnerschaft kann entstehen. Das Miteinander-Wachsen geschieht dann nicht

30

mehr, indem man von einem Streit in den nächsten wechselt, sondern in gegenseitiger Unterstützung. Eigenverantwortung ist Voraussetzung für die Selbstverwirklichung. Wer im Außen nach den Ursachen der Geschehnisse sucht, kann sein wahres Potential nicht finden, geschweige denn verwirklichen.

Unser Bestreben nach einer harmonischen Partnerschaft führt uns letztendlich zur Eigenverantwortung. Ansonsten können wir die Ebene der Vorwürfe, Beschuldigungen und gegenseitigen Verletzungen nicht hinter uns lassen.

Freiheit

Viele Menschen sind der Ansicht, daß die Begriffe Freiheit und Partnerschaft sich nicht vereinbaren lassen. Entweder man ist allein und geht seinen eigenen Weg oder man ist mit einem Partner zusammen und muß Kompromisse eingehen. Einige sind gar nicht bereit für eine Partnerschaft, weil sie keine Kompromisse machen wollen. Sie möchten jederzeit tun und lassen können, was sie wollen. Auf Verhältnisse lassen sie sich gerne ein, doch sobald es ernster wird, blasen sie zum Rückzug. Sie verzichten lieber auf die Annehmlichkeiten, als ihre Freiheit aufzugeben.

Die Entscheidung in einer Beziehung, Kinder ja oder nein, wird von dem Aspekt der Freiheit wesentlich beeinflußt. Die Vorstellung von den Verpflichtungen, die unweigerlich damit verbunden sind, schreckt viele ab. Andere wiederum haben Angst vor der emotionalen Abhängigkeit. Wenn sie sich zu sehr auf den Partner einlassen und sich ihm ganz öffnen, dann wissen sie um ihre Verletzbarkeit. Doch verletzt werden wollen sie auf gar keinen Fall. Sie fühlen sich abhängig. Werden sie geliebt, ist alles in Ordnung. Aber was ist, wenn sich die Gefühle des Partners ändern und dieser die Beziehung nicht mehr will?

Aus Angst vor Enttäuschung und Verletzung lassen sie sich auf eine solche Abhängigkeit nicht ein und bleiben diesbezüglich lieber frei.

Was die meisten Menschen dabei nicht erkennen, ist, daß sie selbst einen Kompromiß machen. Einerseits fühlen sie eine Sehnsucht nach der erfüllten Partnerschaft, und auf der anderen Seite haben sie Angst davor. Beiden Gefühlen versuchen sie gerecht zu werden. Je größer die Angst, desto geringer ist die Bereitschaft, sich auf eine Partnerschaft einzulassen. Sie denken, sie wären frei, aber sie sind alles andere als frei.

Solange wir den Partner in irgendeiner Weise brauchen, werden wir mit diesem Kompromiß leben müssen. Die Lösung für dieses Problem und die Freiheit, die damit verbunden ist, liegt in der Unabhängigkeit. Erst wenn wir erkannt haben, daß unser Partner nur ein Spiegel von uns ist und er uns nichts geben kann, was wir nicht selbst in uns tragen, hört das Brauchen auf. Dann enden auch alle Streitereien und Konflikte, die ihren Ursprung in unseren Erwartungen haben. Der andere kann endlich so sein, wie er ist. Wir können ihn in seine Freiheit entlassen und bekommen unsere als Geschenk dazu.

Wenn wir den anderen nicht mehr brauchen, damit er unsere Lücken füllt und unsere Bedürfnisse stillt, dann können wir unsere Partnerschaft wirklich genießen. Wir freuen uns über jeden gemeinsamen Augenblick und sorgen uns nicht, ob es morgen auch noch so schön sein wird. Jetzt sind wir wirklich frei und können uns jederzeit entscheiden, was wir tun wollen.

Äußerlich mag es wie ein Kompromiß aussehen, vielleicht haben wir eine ganze Familie zu versorgen und es scheint, als wären wir alles andere als frei, aber innerlich sind wir frei. Wir freuen uns an der Situation, aber wir brauchen sie nicht. Wir könnten sie jederzeit loslassen. Wir haben uns frei entschieden und können uns jederzeit wieder anders entscheiden.

Wenn wir unseren Partnerschaftsproblemen nicht aus dem Weg gehen, dann führen sie uns genau in diese Freiheit. Jeder Konflikt bringt uns unserer Unabhängigkeit ein Stück näher. So hilft uns die Partnerschaft wiederum, unser wahres Sein zu erkennen: Vollkommen freie Wesen.

Einheit

Da es in diesem Kosmos keinen Zufall gibt, kann auch eine so wichtige Begegnung wie die mit einem Partner nicht zufällig sein. Vielmehr haben wir diese Begegnung frei gewählt, um bestimmte Lernschritte fortzusetzen, die wir in früheren Zeiten begonnen haben. Denn wir alle streben bewußt oder unbewußt nach der verlorengegangenen Einheit, die uns in dieser dualen Welt besonders deutlich und teilweise schmerzlich bewußt wird. Der Sinn einer Partnerschaft ist daher immer, miteinander und aneinander zu lernen, um schließlich die gesuchte Einheit in uns zu entdecken.

Das Leben eines jeden sensitiven und geistig ausgerichteten Menschen ist von der Sehnsucht nach der verlorenen Einheit geprägt, die immer die Suche nach sich selbst ist.

Wir leben in dieser Welt der Dualität, weil wir nur hier und nur durch die Dualität zur Einheit zurückfinden können. Wir haben uns von ihr getrennt, um die Welt der Erscheinungen zu erfahren. Dabei haben wir unseren Ursprung vergessen. Was uns geblieben ist, ist die Sehnsucht. Und genau diese wird uns wieder in die Einheit führen.

Ein bedeutender Schritt zu dieser Einheit ist die Verbindung mit einem anderen Menschen, mit dem wir zu einer vollkommenen Einheit verschmelzen können. Die Partnerschaft steht in dieser Welt als ein Symbol für die Einheit, für die Vereinigung der Polaritäten. Eine erfüllte Partnerschaft ist ein Ziel der meisten Menschen. Welche Kraft aus dieser Einheit erwächst, wird uns mit dem Akt der Zeugung bewußt. Sie kann Leben erschaffen.

Tief im Innersten sehnen wir uns nach der Einheit, aus der wir gekommen sind und die wir in Wirklichkeit nie verloren haben, die wir gar nicht verlieren, sondern nur vergessen können. Diese Sehnsucht veranlaßt uns, den anderen zu suchen. Dabei spüren wir, daß wir das Einswerden mit allem, nicht bei einem Teil finden können.

So können wir nur scheinbar das Ende der Getrenntheit im Zusammensein mit einem anderen Menschen erfahren. Früher oder später stoßen wir auf die vielleicht erschütternde Wahrheit, daß wir diese gesuchte Einheit nur in uns selbst finden können. Die Partnerschaft dient uns als Schritt auf unserem Weg dorthin. Aber sie ist nur eine Unterstützung auf dem Weg, die Einheit in uns selbst zu finden.

Liebe

Es gibt wohl kaum ein anderes Wort, das in so vielen unterschiedlichen Zusammenhängen benutzt wird, wie das Wort „Liebe". Und wahrscheinlich kaum ein anderes, das so viele Mißverständnisse hervorruft.

Die meisten Menschen verstehen unter Liebe, ein starkes Gefühl zu haben, berührt und bewegt zu werden. Löst ein anderer in ihnen dieses starke Gefühl aus, dann glauben sie, ihn zu lieben. Er löst damit Freude, Euphorie und Begeisterung aus, aber auch Schmerz, Enttäuschung, Traurigkeit und Leid.

Das hat mit wirklicher Liebe alles nichts zu tun, sondern entspricht vielmehr dem sogenannten Verliebtsein. Auch das ist eine wunderbare Sache, sollte aber trotzdem nicht mit Liebe verwechselt werden. Wirkliche Liebe kann man mit Worten nur sehr mangelhaft beschreiben, sie will gelebt werden. Wer liebt, der weiß, was Liebe ist.

Wir alle wollen geliebt werden - am besten von allen Menschen. Deshalb tut uns die Ablehnung so weh, ist sie doch ein untrügliches Zeichen, nicht geliebt zu werden. Aber auch hier zeigt uns das Außen nur, was eigentlich in uns ist. Wir sehnen uns danach, uns selbst zu lieben. Wenn wir es nicht können, erhoffen wir es von den anderen. Die Ablehnung von unseren Mitmenschen ist ein Spiegel für das Defizit unserer Eigenliebe. Hinter all dem steht die Aufforderung, uns selbst zu lieben, uns so anzunehmen, wie wir wirklich sind.

Solange wir den anderen brauchen, ihn verändern wollen, er uns glücklich oder unglücklich machen kann, lieben wir nicht wirklich. Das alles hilft uns, unsere Fähigkeit zu lieben immer mehr zu entfalten und ist damit an sich sehr gut. Mit wahrer Liebe hat es aber wenig zu tun. Solange wir an unserer Liebe noch etwas ändern können, oder die Liebe sich ändert, so lange ist sie noch keine Liebe, denn Liebe ist Wirklichkeit und nicht beliebig zu ändern. Dann sind es bestenfalls Vorstufen der Liebe.

Liebe ist einfach nur. Wir müssen gar nicht lernen zu lieben, weder uns selbst noch den Nächsten, sondern wir brauchen nur zuzulassen, daß Liebe geschieht. Liebe will sich verwirklichen, einfach nur fließen. Lieben kann man nicht lernen und auch nicht verlernen. Es sind nur die Blockaden und Hindernisse, die aufgelöst werden wollen, damit Liebe in mir geschehen kann und als Leben in Erscheinung tritt. Ich selbst und Liebe sind in Wirklichkeit eins. Wir sind Liebe und lieben, wenn wir wirklich wir selbst sind. Solange wir aber Rollen spielen, nach Vorstellungen und Gewohnheiten leben und nicht unserem wirklichen Sein entsprechend leben, können wir auch nicht wirklich lieben. Wir können uns noch so sehr abmühen, Liebe lernen zu wollen, wir können uns vor den Spiegel stellen und sagen: „Ich liebe mich", wir tun es nicht, solange wir nicht authentisch sind.

Wenn wir aber wirklich ganz wir selbst sind, dann lieben wir. Wir müssen es uns nicht ständig sagen, vornehmen oder lernen, wir müssen nicht an uns arbeiten. Liebe geschieht einfach, weil sie unser wahres Wesen ist, das sich immer und überall ausdrücken will.

Unsere Sehnsucht, glücklich zu sein, ist nichts anderes als unsere Sehnsucht zu lieben. Wenn wir lieben, sind wir glücklich, und da unser wahres Wesen Liebe ist, ist es auch unsere Bestimmung, glücklich zu sein. Wir brauchen nichts im Außen, um lieben zu können und glücklich zu sein. Wir sind nicht abhängig von irgendwelchen Bedingungen oder dem richtigen Partner, wir brauchen bloß das loszulassen, was uns daran hindert zu lieben.

Und genau dabei ist uns die Partnerschaft so ein hervorragender Lehrer. Unser Wunsch nach einer erfüllten Partnerschaft gibt uns den Mut und die Kraft, die Probleme anzuschauen und uns mit ihnen auseinanderzusetzen. Sie lehrt uns Toleranz, Eigenverantwortung und Ehrlichkeit. Sie führt uns in die Unabhängigkeit und die Erkenntnis, daß wir nie getrennt waren. Sie zeigt uns, wer wir wirklich sind und hilft uns, unser wahres Wesen zu verwirklichen.

Liebe ist das höchste Ziel. Wenn wir lieben, hat sich unsere Sehnsucht erfüllt: Wir sind wahrhaftig glücklich!

3. Der Schlüssel für jede Krise

Es gibt tatsächlich eine Universallösung für jedes unserer Probleme. Egal, wie es geartet ist, ob andere Menschen miteinbezogen sind oder nicht, ob es ein materielles oder mehr seelisches Problem ist, ob es eine Krankheit ist, oder ob es sich um ein Partnerproblem handelt, immer läßt es sich prinzipiell auf die gleiche Weise lösen.

Es ist eine Patentlösung, und die einzelnen Schritte sind absolut nicht kompliziert. Wie alle großen Dinge des Lebens ist auch dieser Weg ganz einfach. Es ist keine neue Entdeckung. Dieser Weg ist schon seit Jahrtausenden bekannt und von Weisen weitergegeben worden. Er ist der Kern vieler alter Überlieferungen, doch wurde er meistens nicht verstanden. Nicht, weil er so kompliziert oder schwer zu verstehen war, sondern weil die Menschen noch nicht bereit waren, ihn anzunehmen und umzusetzen.

Doch jetzt ist die Zeit gekommen, wie es auch viele Prophezeiungen vorausgesagt haben. Die Welt verändert sich sehr schnell, und der Mensch entsprechend mit ihr. Immer mehr Menschen öffnen sich und sind nun auch bereit, die Qualität des schon immer vorhandenen Schlüssels zu erkennen und anzunehmen.

Drei Schritte sind es, die zum Ziel führen. Wenn wir das Vertrauen haben, daß alles, was geschieht, unserer Entwicklung dient und wir erkannt haben, daß wir uns alles selbst ausgesucht haben, wenn auch unbewußt, um daran zu wachsen und unser Potential zu verwirklichen, dann haben wir die Voraussetzung, diesen einfachen Schlüssel anzuwenden. Voraussetzung ist also die Bereitschaft, Verantwortung für unser Leben zu übernehmen.

Wo stehe ich?

Bei jedem Problem, bei jeder Schwierigkeit und Krise, egal wie es sich darstellt, ist es zunächst einmal wichtig zu erkennen, wie die Situation wirklich ist. Der erste Schritt besteht sozusagen aus einer Situationsanalyse. Wir sammeln erst einmal alle sogenannten Fakten so, wie sie sich für uns darstellen. Dazu gehört auch ein Blick in die Vergangenheit. Wir tragen alles zusammen, was auch nur annähernd mit dem jetzigen Problem zu tun haben könnte. Unsere Gedanken, vor allem unsere Überzeugungen, also das, was wir glauben und was einen Bezug zu der Situation haben könnte, machen wir uns bewußt. Wichtig dabei ist, dieses so ehrlich wie möglich zu tun und sich daran zu halten, was man wirklich erkennen kann. Spekulationen und vor allem Beschuldigungen und Bewertungen sollten dabei vermieden werden. Es geht nur darum, die Fakten zu erkennen, auch wenn unsere Wahrnehmung immer subjektiv bleibt. Jegliche Beurteilung, Einschätzung und Interpretation bleibt also außen vor.

Am Beispiel irgendeiner beliebigen Partnerschaftskrise will ich diesen ersten Schritt etwas veranschaulichen. Stellen Sie sich einmal vor, daß Ihr Partner fremdgegangen ist, obwohl Sie nie damit gerechnet hatten. Sie sind enttäuscht und verzweifelt, weil Sie Ihre Beziehung den Bach runtergehen sehen. Sie fühlen sich betrogen und haben kein Vertrauen mehr zu Ihrem Partner. Sie reden mit Ihrem Partner und merken, daß Sie nichts mehr glauben können. Sie wissen nicht, ob Sie sich trennen sollen, oder ob Sie völlig übertreiben mit Ihrer Reaktion und haben Angst, nun etwas falsches zu tun.

Der erste Schritt wäre jetzt also die Situationsanalyse. Dazu können Sie sich einfach einige Frage stellen:

- Was ist tatsächlich passiert?
- Wie war der Ablauf der Geschehnisse?
- Wie fühle ich mich im Moment?

- Was stört mich eigentlich jetzt im Moment?
- Was könnte geschehen, was ich auf keinen Fall will?
- Habe ich das schon einmal erlebt?
- Erinnert mich das an eine andere Situation? - Was wäre, wenn ich es nicht erfahren hätte?
- Wird meine Partnerschaft von anderen Menschen oder Umständen beeinflußt; wie sieht dieser Einfluß aus?
- Was stört mich grundsätzlich an meinem Partner?
- Was gefällt mir an meinem Partner?
- Was wollte ich schon lange ändern?
- Was traue ich mich nicht zu sagen bzw. zu verändern?
- Bin ich glücklich in meiner Partnerschaft?
- Bin ich mit mir selbst zufrieden in dieser Partnerschaft?

Diese Auflistung soll eine Anregung sein, wie man eine Situationsanalyse erstellen kann. Ähnlich kann man natürlich mit jedem anderen Problem verfahren.

Noch einmal sei erwähnt, daß es wichtig ist, jede Interpretation und jede Bewertung der Ergebnisse zu vermeiden. Nehmen Sie die Ereignisse so wie sie sind, ohne sie als gut oder schlecht zu bezeichnen.

Was will ich?

Der nächste Schritt besteht darin, zu erkennen, was man verändern will und wie man es verändern will.

Wer kennt es nicht, in einer Situation zu stehen, die man verändern will, aber nicht weiß wie? Man weiß, daß man das Alte nicht mehr will, aber nicht, wie das Neue aussehen soll. Wir setzen uns damit auseinander und finden etwas, was sich ganz gut anfühlt. Am nächsten Tag aber stellt es sich wieder ganz anders dar. Wir sind verunsichert, waren wir doch gestern noch ganz klar, und heute wissen wir schon wieder nicht, wo es lang gehen soll.

In einer solchen Situation sind wir regelrecht blockiert. Wir gehen nicht weiter, weil wir nicht wissen wohin. Wir stehen auf der Stelle, drehen uns vielleicht im Kreis, können uns aber nicht für einen Weg entscheiden. Wie auch, wenn wir nicht wissen, was wir wirklich wollen.

Es ist für unser Leben so wichtig, daß wir ein klares Ziel haben, daß wir wissen, was wir wollen. Für viele Menschen ist das allerdings ein schwieriges Thema. Obwohl sie schon so lange danach suchen, können sie es nicht finden. Das bezieht sich nicht nur auf die große Frage, was wir in unserem Leben erreichen wollen, sondern gilt für jeden Teilbereich unseres Lebens.

- Warum ist das so?
- Wieso haben wir Schwierigkeiten zu erkennen, was wir eigentlich wollen?
- Woher kommen unsere Wünsche überhaupt?

Bevor wir nun weitergehen, ist es wichtig, die Hindernisse aufzuzeigen, die uns im allgemeinen davon abhalten zu erkennen, was wir wirklich wollen. Erst wenn wir diese erkennen und loslassen, können wir unsere wahren Wünsche wieder wahrnehmen.

Viele neigen dazu, sich von anderen sagen zu lassen, was sie wollen. Aber das funktioniert nicht. Nur wir selbst können herausfinden, was wir wollen. Unsere wahren Wünsche finden wir nur in uns, und was in der jeweiligen Situation stimmig ist, finden wir auch nur in uns.

Die eigene Unsicherheit, ob es denn wirklich der eigene Wunsch ist, was sie in sich fühlen und ob sie das überhaupt wünschen dürfen, läßt viele die Antwort lieber im Außen suchen. Sie geben die Verantwortung ab. So laufen sie nicht Gefahr, etwas falsch zu machen. Und selbst wenn es dann anders kommt, als sie es sich vorgestellt haben und wünschen, können sie sich in Unschuld baden, waren es doch die anderen, die ihnen dazu geraten haben. In dieser Opferhaltung können sie die unerwünschte Situation viel besser ertragen, als wenn sie sich auch noch an die eigene Nase als Verursacher fassen müßten.

In welcher Form wir uns nun sagen lassen, was wir uns wünschen sollen und was wir zu wollen und zu tun haben, ob von anderen Menschen, von Gesetzen und Verordnungen, von Religionen oder unserer Moral, spielt dabei keine Rolle. Keiner, außer uns selbst, kann uns sagen, was wir wirklich wollen.

Ein anderes Problem, das viele auf der Suche nach ihrem wirklichen Sein begleitet, ist die Frage: „Darf ich überhaupt einen eigenen Willen haben?" Hier gehen die Meinungen auseinander. Mißverständnisse und unterschiedliche Interpretationen alter Überlieferungen spiegeln die Standpunkte wider, die nach dem „richtigen Weg" zum Glück suchen. Aber auch Machtinteressen einiger Institutionen und Gemeinschaften geben Antworten auf diese Frage vor, um ihre Anhänger zu kontrollieren und zu manipulieren.

In vielen esoterischen Ratgebern und anderen Schriften kann man die verschiedenen Meinungen dazu lesen: „...gebe Deinen eigenen Willen auf (häufig auch als Ego bezeichnet), und Du wirst frei und glücklich sein." - „...nicht mein Wille, sondern dein Wille geschehe."- usw. Die Tugend der Demut wird in diesem Zusammenhang auch gerne gebraucht.

Das soll nicht bedeuten, daß diese Aussagen grundsätzlich falsch sind, sie wollen nur im richtigen Zusammenhang verstanden werden. Doch aus diesem werden sie gerne herausgelöst, um sie für die eigenen Zwecke zu gebrauchen.

Zusammenfassend kann man diese Standpunkte wie folgt beschreiben: Der eigene Wille steht dem Ziel, welches man bestrebt ist zu erreichen (dem Glücklichsein), im Wege und muß deshalb aufgegeben werden.

Wenn wir von dem eigenen Willen sprechen, setzt das voraus, daß es auch noch einen anderen Willen gibt. Auch dieser hat unterschiedliche Bezeichnungen: „Der Wille des höheren Selbstes", „Der Wille des Lebens", „Der göttliche Wille" usw. Ein Wille, der, so scheint es zumindestens, von uns getrennt ist und mit unserem bewußten Willen nicht identisch ist. In unserer Realität zeigt sich die Existenz eines von uns getrennten

Willens offensichtlich. Erleben wir doch vieles, was mit unseren Wünschen überhaupt nicht übereinstimmt. Solange die gewünschte Realität mit der erlebten Realität nicht übereinstimmt, muß es also noch einen Willen geben, der von unserem bewußten Willen getrennt ist. Wer oder was ist also dieser Wille, der vielfach auch noch wesentlich kräftiger zu sein scheint, als der Wille der Persönlichkeit?

Diesbezüglich gibt es zwei Möglichkeiten. Entweder ist es ein Teil von uns, der uns unbewußt ist, oder es ist etwas vollkommen Getrenntes von uns. Der letztere Fall beinhaltet, daß wir keinerlei Einfluß darauf haben. Für unser Leben bedeutet das, daß unsere gewünschte Realität nur dann entsteht, wenn unsere Wünsche identisch sind mit dem Willen der Instanz, von der wir getrennt sind. Wir müßten also den fremden, stärkeren Willen erkennen, unsere Ziele diesem angleichen, damit die gewünschte Realität entsteht und wir glücklich sind. Wir sind also abhängig und können nur hoffen, daß die fremde Instanz es gut mit uns meint. Um glücklich zu sein, müssen wir unseren Willen aufgeben und den der fremden Instanz annehmen. In jedem anderen Fall entstehen Diskrepanzen zwischen unserem Willen und der erlebten Realität. Wir sind nicht wirklich glücklich, denn wir haben noch unerfüllte Wünsche. Wir verfügen nicht über einen freien Willen.

In dem anderen Fall, daß die Instanz nicht von uns getrennt ist und sie nur den unbewußten Teil des Individuums (= der Nicht-Geteilte) darstellt, ergibt sich ein ganz anderer Weg zu unserem Glück. Jetzt geht es nicht mehr darum, den eigenen Willen aufzugeben, sondern unseren wirklichen Willen zu entdecken.

Der Konflikt, der hier entsteht, liegt darin, daß das, was wir zu wollen glauben, nicht dem entspricht, was wir, unser bewußter und unbewußter Teil, wirklich wollen. Je mehr wir erkennen, wer wir wirklich sind, je bewußter wir werden, umso mehr werden der bewußte und unbewußte Wille eins. Ist diese Trennung aufgehoben, sind wir der bewußte und vollkommen freie Schöpfer. Wir haben einen freien Willen, den es nur zu entwickeln und anzunehmen gilt.

Viele Menschen denken, daß dieser Unterschied im praktischen Alltag völlig unbedeutend ist. In beiden Fällen sind wir mehr oder weniger unglücklich, da unsere gewünschte Realität mit der tatsächlich erlebten nicht übereinstimmt. Diese Einstellung übersieht einen wesentlichen und entscheidenden Aspekt. Ein Ziel ist nur dann zu erreichen, wenn wir die Verwirklichung für möglich halten. Wenn wir nicht daran glauben, einen freien Willen zu haben und diese Möglichkeit auch nicht in Betracht ziehen, dann werden wir einen freien Willen nie erleben, obwohl wir das Potential vielleicht in uns tragen.

Mit der Ausrichtung, einen freien Willen zu haben, werden wir dieses Potential, wenn es da ist, entwickeln und erleben. Was für ein Geschenk, wenn dem wirklich so ist!

Wenn wir nun in die Schriften aller Zeiten schauen und lesen, was alle großen Weisen uns sagten, erkennen wir, daß sie alle von freien Wesen sprachen, mit großer Macht und unendlichen Möglichkeiten. Sie sprachen und sprechen von einem allwissenden, allmächtigen und allliebenden Gott, der untrennbar mit jedem einzelnen Menschen verbunden ist. Alle diese Worte haben nur den einen Sinn, den Menschen auszurichten, seinen Glauben an sein eigenes Potential zu entfachen und zu stärken. Denn aus Glaube wird Realität, und glauben können wir, was immer wir wollen. Das ist unsere Freiheit und unsere unbegrenzte Macht. Unser Glaube, unsere Überzeugungen bestimmen unsere Realität.

Um die eigene Freiheit und das unendliche Potential zu entdecken, ist der Glaube daran die Voraussetzung. Dann gilt es zu entdecken, zu erkennen und zu entwickeln, was wir wirklich sind.

Ein weiteres Hindernis zu erkennen, was wir wirklich wollen, ist unser Zweifel daran, es auch erreichen zu können. Wir können vielleicht alles wollen, was aber noch nicht heißt, daß wir es bekommen bzw. erreichen können. Bevor wir also einen Wunsch an die Oberfläche kommen lassen, möchten wir sicher sein, daß eine Chance auf Erfüllung besteht. Wünsche, an deren Erfüllung wir nicht glauben können, lassen wir am liebsten gar nicht in unser Bewußtsein aufsteigen. Es ist wie ein Selbstschutz vor Enttäuschung und Frustration. Einen Wunsch zu haben, sich nach etwas zu sehnen, auf dessen Verwirklichung unserer Ansicht nach keine Hoffnung besteht, ist schmerzhaft. Wir fühlen uns hilflos und als Opfer. Wir würden stagnieren und hätten keine Motivation mehr, da unsere eigentlichen Wünsche sich ja doch nicht erfüllen.

So ist es also äußerst weise eingerichtet, denn nie wird uns ein Wunsch bewußt, ohne daß uns nicht auch das Potential für die Verwirklichung zur Verfügung steht. Je mehr wir an unser unendliches Potential glauben, desto deutlicher können wir unsere tiefsten Sehnsüchte wahrnehmen.

Also trauen Sie sich, Ihre Herzenswünsche anzuschauen und seien Sie sicher, daß Ihnen nur der Teil bewußt wird, den Sie auch verwirklichen können. Legen Sie mal alle Ihre begrenzenden Gedanken, wie „das geht ja doch nicht", „das hat noch keiner geschafft" usw. beiseite, und schauen Sie mal in sich hinein, was Sie sich wirklich von Herzen wünschen: Vielleicht eine andere Arbeit, die wie ein Hobby für Sie wäre, oder ein körperliches Wohlbefinden, an das Sie sich kaum noch erinnern können. Und wenn Sie doch mal einen Wunsch spüren, den Sie für unrealistisch halten, dann seien Sie sicher, daß Sie Ihr eigenes Potential offensichtlich unterschätzen. Halten Sie fest an Ihrem Wunsch, und Sie werden sich auch Ihrer Fähigkeit, das erwünschte Ziel zu erreichen, bewußt.

Das, was wir uns am sehnlichsten wünschen, das sind wir auch. Wir wünschen uns, glücklich zu sein, und das sind wir, wenn wir unser wahres Sein verwirklicht haben. So bringt uns jeder Wunsch, den wir in uns tragen, unserem wahren Sein näher. Wünsche sind uns nicht gegeben, um uns zu prüfen und in Versuchung zu führen. Das entspricht nicht der Absicht eines allmächtigen, liebenden Schöpfers. Sie sind uns gegeben, um uns glücklich zu machen, um uns erkennen zu lassen, wonach wir uns wirklich sehnen, was wir wirklich sind. Erlauben Sie sich also zu wollen, damit Sie erkennen, was Sie wirklich wollen, egal in welcher Situation.

Wie komme ich dahin?

Der letzte und entscheidende Schritt ist an sich ganz einfach, wie alle großen Wahrheiten des Lebens. Er braucht auch nicht verstanden zu werden, damit er funktioniert oder anwendbar ist. Er will nur angewendet werden. Das Verständnis der Zusammenhänge kann allerdings sehr nützlich sein, damit der Schlüssel wirklich angewendet wird. Der Schlüssel heißt: *„Ehrlichkeit"*!

Es klingt so einfach und scheint doch die schwerste Übung im Leben des Menschen zu sein. Was bedeutet Ehrlichkeit und was ist damit gemeint? Ehrlichkeit bedeutet, authentisch zu sein, zu sagen, was ich denke und meine, zum Ausdruck zu bringen, was wirklich in mir ist. Damit ist nicht gemeint, daß ich alles sagen muß, was ich gerade denke und auch nicht alles zum Ausdruck bringen muß, was ich gerade fühle, aber ich kann es jederzeit tun, weil mich nichts daran hindert. Ich kann mich entscheiden, was ich tun will, aber wenn ich etwas tue, dann ist es ehrlich und entspricht mir.

Ehrlichkeit beinhaltet auch, alles anzunehmen, wie es ist, nichts, was da ist, zu verdrängen oder es nicht haben zu wollen. Das gilt für unsere Lebensumstände, wie auch für unsere Gefühle und Gedanken. Ehrlichkeit ist die Bereitschaft, alles zu erleben, was wir uns selbst ausgesucht haben, es ist die Bereitschaft zu fühlen.

Wir selbst haben uns unser Leben ausgesucht, auch wenn es uns aus unserer jetzigen Perspektive nicht bewußt ist. Das Leben ist ein Spiel, das wir gewählt haben, um es zu erleben. Wenn wir es erlebt haben, schließt sich der Kreis und wir beginnen das Spiel von neuem. Das ist der ganze Sinn des Lebens. Wir legen uns eine Überzeugung zu, wir beginnen, etwas zu glauben, damit es sich manifestiert und wir es erfahren. Wir erleben das, woran wir glauben. Wenn wir nicht glauben, daß es so ist, dann erleben wir auch, daß es nicht so ist. Wir erleben immer, woran wir glauben.

Jetzt haben wir uns das Spiel „Bewußtwerdung" ausgesucht. Wir sind freiwillig in die Dualität gegangen, um uns selbst zu erfahren, um zu erkennen, wer wir wirklich sind. Und auch hier erlebt jeder das, wovon er überzeugt ist. Unsere Überzeugungen sind das einzige, was uns unterscheidet. Wir sind die Schöpfer!

Es ist wie mit einem Kinofilm. Wir entscheiden uns, ins Kino zu gehen und suchen uns aus dem großen Angebot einen Film aus, der uns interessiert. Dann sitzen wir im Kino, der Film beginnt und wir identifizieren uns mit Situationen und einzelnen Schauspielern. Wir erleben die Geschichte richtig mit. Wir weinen mit, wir denken mit, wir kämpfen mit, wir fühlen mit. Je mehr wir uns in den Film hineinbegeben, umso weniger ist uns bewußt, daß wir noch vor kurzer Zeit an der Kasse standen und uns genau dieses Erlebnis ausgesucht haben. Wir haben vergessen, daß wir der Ursprung dieses Erlebnisses sind.

Und so geht es uns auch in unserem großen Lebensspiel. Viele haben vergessen, daß sie selbst die Schöpfer sind, die sich etwas ausgewählt haben, um es zu erleben.

Manchmal wollen wir im Kino eine Szene nicht miterleben, und wir halten uns die Ohren zu und schließen die Augen, obwohl uns überhaupt nichts geschehen kann. Und genau das machen wir auch im Leben, wir schließen die Augen und Ohren, wenn wir etwas nicht erleben wollen. Wir verleumden, was da ist.

Unehrlicheit bedeutet, daß wir nicht erleben wollen, was wir uns ausgesucht haben. Wir haben unseren Standpunkt geändert, als wir das Spiel begannen, und jetzt erscheint es uns vielleicht unangenehm, so daß wir es nicht mehr erleben wollen. Wir versuchen, die Leinwand, die Projektionsfläche zu verändern, wir wenden uns von ihr ab oder versuchen sie zu verdecken, aber all das funktioniert nicht. Unser Bewußtsein entspricht dem Filmprojektor und der Film, den wir einlegen, entspricht unseren Überzeugungen. Egal auf welche Projektionsfläche wir den Filmprojektor oder unser Bewußtsein ausrichten, es wird uns immer unsere Überzeugungen widerspiegeln. Unser Außen zu verändern, wenn uns irgend etwas nicht gefällt, ist genau so sinnlos, wie eine andere Leinwand zu wählen, weil uns der Film nicht gefällt. Es verändert nichts, wie viele Menschen mit wechselnden Beziehungen bestätigen können.

Wir erschaffen uns die Lebensumstände mittels unserer Überzeugungen so lange, bis wir sie bereitwillig erleben. Erst dann können sie sich verändern. Je größer der Widerstand gegen eine Situation ist, umso sicherer werden wir immer wieder mit ihr konfrontiert. Unehrlichkeit ist das untrügliche Zeichen für Widerstand, während Ehrlichkeit das Annehmen der Lebensumstände und die Bereitschaft, alles zu erleben, signalisiert.

Was hindert uns aber daran, unsere Lebensumstände anzunehmen und zu erleben? Alles, was wir als schlecht, falsch, böse, gefährlich usw. betrachten, möchten wir nicht in unserem Leben haben. Dabei ist der Unterschied zwischen Gut und Böse nur durch verschiedene Überzeugungen gegeben. Der Horrorfilm und die Liebesromanze sind nur zwei unterschiedliche Filme. Dem Projektor ist es egal, welchen Film er auf der Leinwand sichtbar macht. Der Zuschauer kann dabei die unterschiedlichsten Gefühle erleben: Freude, Angst, Mitgefühl, Zorn usw., aber ihm kann nichts passieren. Und genauso geht es uns auch im Leben. Wir sind der Beobachter und können alles erleben, ohne daß uns wirklich etwas zustoßen kann.

Vergessen wir aber, daß wir der Beobachter sind und unser Leben selbst ausgesucht haben, dann bekommen wir Angst, daß uns etwas zustoßen kann. Wir fangen an, Situationen zu vermeiden, die uns etwas Unangenehmes bringen könnten. Wir fühlen uns ausgeliefert, wie in den Dschungel geworfen, mit der Aufforderung, uns allein durchzuschlagen.

Nur der Zuschauer, der sich bewußt ist, daß er selbst die Eintrittskarte gekauft hat, kann sich ganz unbesorgt in das Erleben fallen lassen. Er weiß, daß ihm nichts geschehen kann, daß er rausgehen kann, wenn er den Film nicht mehr erleben will und daß er sich einen neuen auswählen kann. Er wird aber nur einen Film verlassen, der ihn nicht berührt, denn er will ja etwas erleben und fühlen. Wir haben uns ein spannendes und aufregendes Leben ausgesucht, weil wir wissen, daß uns nichts geschehen kann. Viele Menschen haben das vergessen und bremsen ihr Leben, um es zu kontrollieren. Sie haben Angst, daß ihnen etwas passieren kann. Dabei sind wir alle freie und unbegrenzte Schöpfer, die ihre eigene Schöpfung erleben.

Alles, was im Leben geschieht, dient uns dazu, diese Wahrheit wiederzuerkennen und verhilft uns letztendlich dazu glücklich zu werden. Wir legen uns selbst einen Stein in den Weg, wenn wir nicht ehrlich sind. Es heißt doch nichts anderes, als daß wir die Hilfe und Chance, die in jeder Situation enthalten ist, nicht wollen. Wenn wir nicht ehrlich sind, blockieren wir den Fluß des Lebens. Früher oder später manifestiert sich diese Energieblockade in unserem Körper, was wir als Krankheit bezeichnen. Krankheit ist also nur eine Folge von Unehrlichkeit. Dem Nichtannehmenwollen folgt der Widerstand, und Widerstand ist nur ein anderes Wort für Blockade. Widerstand haben wir, weil wir Angst haben, uns könnte etwas geschehen, und diese Angst haben wir nur, weil wir vergessen haben, daß wir unser Leben selbst gestalten. Mit dem Vertrauen, daß uns nichts passieren kann, können wir uns dem Fluß des Lebens hingeben, der uns geradewegs und mühelos zu unserem Ziel führt.

Ehrlichkeit ist der Schlüssel. Sie ist die Voraussetzung, daß wir bereitwillig erleben und fühlen. So löst sich jede Blockade und jedes Problem auf. Jedes Problem enthält schon die Lösung, und jede Krankheit beinhaltet die Heilung, wenn wir uns ihr hingeben und sie erleben.

Ehrlichkeit in jeder Situation läßt uns glücklich sein. Denn: „Die Wahrheit wird Euch frei machen!"

4. Psychosomatik, Beziehung und Gesundheit

Haben unsere Beziehungen einen direkten Einfluß auf unsere Gesundheit? In welchem Verhältnis stehen unsere Beziehungen zu unserer Gesundheit und unserem Wohlbefinden?

Bevor wir nun auf diese Frage näher eingehen, sind zum besseren Verhältnis noch einige grundsätzliche Worte zum Thema Krankheit und Gesundheit erforderlich. Wenn in diesem Buch die Rede von Krankheit und Gesundheit ist, dann ist damit nicht nur der Körper gemeint, sondern der ganze Mensch mit Körper, Seele und Geist. Daß diese Ebenen nicht voneinander zu trennen sind, zeigt sich in unserem Alltag täglich.

Die Weltgesundheitsorganisation definiert Gesundheit folgendermaßen: „Gesundheit ist das Wohlbefinden auf körperlicher, seelischer und sozialer Ebene." Dieser Definition schließen wir uns weitgehend an. Danach ist Krankheit schlicht und einfach ein Nicht-Wohlbefinden. Vielen mag diese Auffassung, wonach jeder Mensch mehr oder weniger krank ist, zu eng erscheinen. Bei näherer Betrachtung jedoch bekommt Krankheit dadurch eine ganz andere Bedeutung, die den Umgang mit derselben, ihre Ursache und ihren Sinn, in einem ganz anderen Licht erscheinen lassen. Jeder Mensch trägt den Wunsch in sich, glücklich zu sein. Das beinhaltet, sich in jeder Situation, auf allen Ebenen wohlzufühlen. Und jeder Mensch trägt das Potential in sich, dieses Ziel zu erreichen. Alles in uns ist darauf ausgerichtet, diesen Zustand der vollkommenen Gesundheit, des Heilseins, des Glücklichseins zu erlangen. Krankheit ist also nichts Schlimmes, im Gegenteil, sie hilft uns, heil zu werden. Genau wie Gesundheit ist Krankheit ein Begriff, der nur singulär existiert. Es gibt nicht die „Gesundheiten", genau so wenig, wie es Krankheiten gibt. Beides sind Zustandsformen des ganzen Menschen und beziehen sich nicht auf einzelne Teile des Menschen.

Ausgehend von der Definition, daß Gesundheit das Wohlbefinden auf allen Ebenen bedeutet, wird das Ausmaß deutlich, wie groß der Einfluß unserer Beziehungen auf die Gesundheit ist. Was verstimmt uns schneller und öfter als irgendwelche Konflikte, Meinungsverschiedenheiten, Streitereien, Mißverständnisse etc. Ob in der Arbeit, beim Sport oder zu Hause in der Familie, überall wo wir mit Menschen zusammen sind, werden wir mit Situationen konfrontiert, die uns nicht immer behagen, bei denen wir uns nicht wohl fühlen.

Psychosomatik

Im Jahre 1818 äußerte der deutsche Arzt Heinroth die Ansicht, daß körperliche Krankheiten psychische Ursachen haben. Damals wurde er von seinen Kollegen einfach ausgelacht, und zwar nicht wegen der Selbstverständlichkeit seiner Aussage, sondern wegen der so abwegig scheinenden Idee, es könne wirklich so etwas wie Psychosomatik, so nannte es Heinroth damals schon, in der wissenschaftlichen Medizin geben.

Diese Schwierigkeit, die Wirklichkeit hinter dem Schein zu erkennen, ist nicht neu. Schon vor 2400 Jahren verkündete Sokrates: „Es gibt keine von der Seele getrennte Krankheit des Körpers", und Plato, der wohl berühmteste Schüler von Sokrates, beklagte: „Das aber ist der größte Fehler bei der Behandlung von Krankheiten, daß es Ärzte für den Körper und Ärzte für die Seele gibt, wo doch beides nicht getrennt werden kann."

Es wird jedoch noch immer getrennt gesehen. Anstatt einen ganzheitlichen Ansatz zu verfolgen, der Körper, Seele und Geist als ein untrennbares Ganzes erkennt, schreitet die Spezialisierung, die Aufteilung des Menschen in immer kleinere Einheiten, weiter fort. Wenn man überhaupt bereit ist, die Psychosomatik für möglich zu halten, dann sucht man nach wissenschaftlichen Beweisen dafür. Ist es nicht Beweis genug, daß wir rot werden, wenn wir verlegen sind, weinen, wenn wir traurig sind. Wir werden blaß vor Schreck und bekommen Durchfall vor lauter Aufregung. Dann verschlägt es uns die Sprache und die Haare stehen uns zu Berge. Was immer unsere Seele erlebt, der Körper macht es nach außen sichtbar. Was immer unsere Seele bewegt, bewegt auch den Körper, und diese Wirkung kann nach unserer subjektiven Wahrnehmung positiv oder negativ sein, kann uns krank und leidend oder gesund und glücklich machen.

Doch noch immer lehnen viele Menschen die Psychosomatik ab, wie der Arzt, der auf einem Kongreß zu seinem Kollegen sagte: „Immer wenn ich diesen Quatsch mit der Psychosomatik höre, dreht sich mir der Magen um..."

Nicht nur an diesem Beispiel kann man erkennen, wie gut und deutlich unsere Sprache den Zusammenhang zwischen Wohlbefinden und körperlichen Symptomen zum Ausdruck bringt: „Ich habe die Nase voll von dir!", „Du bringst mich noch ins Grab!", „Da kommt mir die Galle hoch!", „Ich finde dich zum Kotzen!", „Du gehst mir auf die Nerven!" usw.

Was unterscheidet nun die Psychosomatik von der herkömmlichen Weise mit Krankheit umzugehen? Beide Systeme forschen nach dem Grund des Geschehens, nach der Ursache der Krankheit. Die zentrale Frage, die von allen Seiten gestellt wird, heißt „Warum?". Die gefundene Ursache ist dann der Ansatzpunkt, um Einfluß auf das Geschehen zu nehmen. Schließlich ist Krankheit etwas Unangenehmes, das, wenn möglich, aufgelöst und überflüssig gemacht werden soll. Mit dieser Frage nach dem „Warum" begegnen wir einem grundsätzlichen Problem unserer Denkgewohnheiten. Normalerweise führen wir alle erlebbaren Erfahrungen auf eine Ursache zurück. Das, was wir wahrnehmen, ist die Wirkung einer Ursache. Diese Ursache geht der Wirkung zeitlich voraus. So konstruieren wir weitreichende Kausalketten, indem wir jede Ursache als Wirkung einer noch weiter davorliegenden Ursache erkennen. So können sie dieses Buch im Augenblick lesen, weil Sie es sich gekauft haben. Sie haben es sich gekauft, weil Sie es in der Buchhandlung gesehen haben und es Sie interessierte. Und es hat Sie angesprochen, weil... Diese Kette kann man beliebig lang fortsetzen, bis man eben an einen Punkt kommt, an dem man keine Antwort mehr weiß. An diesem Punkt wird dann weitergeforscht, um eine Erklärung zu finden.

Dieses kausale Denkkonzept ist für die meisten Menschen der einzige Weg, die Abläufe im Universum zu erklären. So forscht man überall nach den Ursachen für die unterschiedlichen Manifestationen, um ein klares Verständnis für die Zusammenhänge zu bekommen. Doch dies ist nicht der eigentliche Grund dieses Strebens. Was brächte es der Menschheit, wenn sie um die kleinsten Zusammenhänge und Bausteine unseres Universums wüßte? Dadurch würde sich nichts verändern, alles bliebe, wie es ist. Die Motivation dieser Ursachensuche ist die Hoffnung, mit dem entsprechenden Verständnis in die Zusammenhänge steuernd eingreifen zu können. Wir wollen die Dinge, die uns nicht gefallen, so verändern, wie wir sie gebrauchen, wenn sie uns nützlich erscheinen. Wenn ich weiß, warum ich keinen Partner finde, welches Verhalten und welche Ursachen dem zugrunde liegen, dann kann ich dieses entsprechend ändern und finde dann meinen Partner.

<u>In diesem kausalen Weltbild hat jede Erscheinung eine Ursache. Darum ist es nicht nur sinnvoll, sondern vor allem notwendig, jede Ursache wiederum nach ihrer Ursache zu hinterfragen</u>. Wie man sich leicht vorstellen kann, führt das zwar zur Erforschung der Ursache hinter der Ursache, aber jedoch niemals zu der letztendlichen Ursache, denn diese hat ja wiederum eine Ursache. Ein nie endendes Hinterfragen, das man entweder an einem beliebigen Punkt abbricht und das Ergebnis als absolute Wahrheit darstellt, weil man gerade nicht weiterkommt, oder man bleibt bei einem unlösbaren Rätsel stehen.

Eine andere Betrachtungsweise, von der auch die Psychosomatik ausgeht, sucht die Ursache nicht in der Vergangenheit, sondern in der Zukunft. Sie spricht von einer Zweckursache und geht davon aus, daß jeder Manifestation, jeder Erscheinung ein Zweck, eine Absicht zugrunde liegt. Sie beinhaltet eine Information, eine Idee mit einem Ziel, welches auf die Zukunft ausgerichtet ist.

Als Beispiel für diese Zusammenhänge soll uns an dieser Stelle das Entstehen eines Hauses dienen. Am Anfang stand die Absicht eines Bauherren, ein Haus zu bauen. Daraufhin suchte er sich einen Architekten, der die Pläne für das Haus entwarf. Danach wurden Baumaterial, Handwerker und Maschinen beschafft und das Haus fertiggestellt.

Nun könnte man sagen, daß das Haus deshalb dort steht, weil die Handwerker mit Hilfe von Maschinen die Baumaterialien so zusammengefügt haben, daß daraus dieses Haus entstand. Man könnte auch noch einen Schritt weiter gehen und denken, daß der Architekt die Ursache für die Entstehung des Hauses ist, denn er hat ja die Pläne gemacht, worauf dann die Baumaterialien und die Handwerker bestellt wurden.

Die wirkliche Ursache aber war die Idee des Hausherrn, ein Haus zu bauen. Würde man die Baumaterialien wegnehmen, dann würde die Absicht des Bauherrn, ein Haus zu bauen, dafür sorgen, daß andere Materialien besorgt würden. Würde der Architekt ausfallen, würde der Bauherr sich einen anderen suchen. Würde der Bauherr allerdings seine Absicht ändern und kein Haus mehr bauen wollen, dann würde das Haus nicht zustande kommen. Er würde keinen Architekten beauftragen, es würden keine Baumaterialien besorgt und auch keine Handwerker beauftragt. Die Absicht des Bauherrn, in Zukunft ein Haus haben zu wollen, hat all die anderen Erscheinungen, wie den Architekten, die Handwerker, die Maschinen und das Baumaterial hervorgebracht. So beinhaltet jede Sache, jede Manifestation eine Absicht oder eine Idee. Mit anderen Worten könnte man auch sagen: Alles hat seinen Sinn!

Wichtig dabei ist zu erkennen, daß es die Absicht ist, die alle Dinge in Erscheinung treten läßt, um sich selbst zu erfüllen. Die Dinge sind die Hilfsmittel, damit sich die Absicht erfüllt. Ein anderes Beispiel macht das sehr deutlich: Weder Pinsel, Farben noch Leinwand sind die Ursache für ein Gemälde. Erst dadurch, daß Menschen sie als Hilfsmittel benutzen, entsteht das Gemälde.

Daraus wird auch ersichtlich, daß es nicht sehr sinnvoll ist, Hilfsmittel zu entfernen, um das Erreichen des Ziels zu verhindern. Die Absicht wird andere Hilfsmittel suchen und finden, um ihre Idee zu verwirklichen.

Das ist der Grund, warum auch eine noch so fortschrittliche Medizin Krankheit nicht verhindern kann und, wie die Statistik deutlich zeigt, den Prozentanteil der Erkrankten auch nicht senken konnte. Obwohl sich die Krankheitsbilder verändert haben und viele Krankheiten, die noch vor 100 Jahren gang und gäbe waren, heute fast nicht mehr existieren, konnte die Zahl der kranken Menschen nicht reduziert werden.

Der Körper ist der Träger einer Information und bringt nur die dahinterstehende Idee zum Ausdruck. Der Körper an sich kann niemals krank oder gesund sein, da er wie eine Leinwand nur eine Information zum Ausdruck bringt. Er ist die Projektionsfläche des Bewußtseins. Aus sich selbst heraus kann der Körper nichts tun. Haben wir einmal den Unterschied zwischen Krankheit und Symptom wirklich verstanden, so ändert sich unser Umgang mit Krankheit grundlegend. Das Symptom ist dann nicht mehr der große Feind, den es zu besiegen gilt, sondern lediglich ein Helfer, ja sogar ein Freund auf dem Weg zur Gesundheit, zur wirklichen Gesundheit, dem Heilsein. Das Symptom kann uns dabei sagen, was es zu tun gibt, was es zu verändern gilt, vorausgesetzt, wir verstehen die Sprache unseres Körpers.

Krankheit hat einen Sinn. Eine Absicht hat sich ein bestimmtes Krankheitsbild und entsprechende Hilfsmittel ausgesucht, um damit einen Zweck zu erfüllen. Es hilft nichts, wenn ich die Hilfsmittel, seien es nun Fieber, Bakterien, Pilze usw., bekämpfe oder vermeiden will. Die ursprüngliche Absicht wird sich andere Hilfsmittel zunutze machen, um ihr Ziel zu erreichen.

Die einzige Möglichkeit, wirklich Einfluß zu nehmen, besteht darin, den Sinn, die Absicht dieses Geschehens zu unterstützen. Sich den Gegebenheiten zu widersetzen und dagegen anzukämpfen, führt nur zu einer zeitlichen Verzögerung. Obendrein ist es keine angenehme Verzögerung, da ja etwas da ist, gegen das man sich ständig wehrt und das man nicht haben will. Kämpfen ist anstrengend und kostet viel Energie. Von wirklichem Wohlbefinden kann man in solch einem Fall wohl nicht sprechen. Dieser Widerstand, den wir häufig ausüben, ist Ausdruck unserer Angst. Angst, daß die Situation nicht gut für uns ist, daß irgend etwas Schlimmes mit uns passieren könnte, daß wir mit dieser oder einer kommenden Situation nicht zurechtkommen könnten.

Widerstand ist die eigentliche Ursache von Krankheit. Er ist eine Blockade im Lebensfluß. Körperlich beschreiben viele ganzheitliche Heilverfahren Krankheit als eine Störung im Energiesystem. Sie sprechen von Energieblockaden, was die körperliche Entsprechung für eine Blockade im Lebensfluß ist. So führen alle Verdrängungsmechanismen früher oder später auch zu körperlichen Blockaden, die wir dann als Krankheit bezeichnen. Um etwas nicht zu erleben, benutzen wir viele Mechanismen und Möglichkeiten unseres alltäglichen Lebens. Manche nutzen den Alkohol, um irgend etwas zu verdrängen. Andere rauchen, sind Frustfresser, arbeiten rund um die Uhr oder haben einen Termin bzw. eine Verabredung nach der andern usw. Wir können so ziemlich alles nutzen, um vor Dingen wegzulaufen. Hier liegt auch die Erklärung dafür, daß nicht jeder, der raucht, Alkohol trinkt oder viel ißt, krank wird. Wenn man diese Dinge genießt und sie nicht benutzt, um etwas zu verdrängen, dann werden sie nicht krank machen. Dieser Zustand bedeutet aber auch, daß man von diesen Genüssen unabhängig ist und es einem nichts ausmacht, wenn sie nicht zur Verfügung stehen.

Um den Widerstand, der hinter allen Süchten steht, aufgeben zu können, brauchen wir das Vertrauen, daß uns letztendlich nichts geschehen kann. Es wird uns um so leichter fallen, den Widerstand aufzugeben, wenn wir daran glauben, daß sogar ein großer Gewinn für uns dahinter steht. Mit dieser Einstellung nehmen wir jede Situation bereitwillig an und legen der Absicht damit nichts in den Weg, ihr Ziel zu erreichen. Haben wir nicht das Vertrauen, daß alles im Sinn unserer eigenen Entwicklung zu mehr Lebensfreude, Fülle und Freiheit geschieht, dann fühlen wir uns als Opfer. Verzweifelt kämpfend, versuchen wir, Veränderungen zu vermeiden oder zu kontrollieren, um Erfahrungen aus dem Weg zu gehen, die nach unseren Vorstellungen unangenehm oder sogar schmerzhaft sind. Am Ende müssen wir dann doch feststellen, daß der Widerstand uns in diesem Sinne nichts geholfen hat.

Um also unsere Entwicklung zu unterstützen, brauchen wir nur jeden Augenblick, so wie er ist, anzunehmen. Anzunehmen bedeutet zuerst einmal, die Situation wahrzunehmen, wie sie ist und nicht schon irgendeinen Filter vor unsere Brille zu legen, damit man nur das sieht, was man sehen will. Jeder Augenblick will erlebt werden. Dafür wurde er geschaffen, und nur wenn ich bereitwillig alles erlebe, bin ich im Fluß. Dann ist das Leben mühelos und leicht. In der Erkenntnis oben genannter Zusammenhänge fällt es uns leicht, uns dem Fluß des Lebens hinzugeben, denn wir gehen ja nun davon aus, daß alles einen Sinn hat. Einen Sinn, der Veränderungen zu unserem Besten beinhaltet.

Vertrauen, also das Annehmen einer für uns vorteilhaften Absicht, und das Akzeptieren der derzeit bestehenden Hilfsmittel, der sogenannten Lebensumstände, sind die unterstützenden Maßnahmen, die uns zur Verfügung stehen. Wir suchen allerdings immer wieder das Verständnis, fallen dabei ins Denken, anstatt das, was ist, zu erleben und sind treue Anhänger des großen „Warum". Doch auch dies hat einen positiven Aspekt. Denn das Verstehen stärkt unser Vertrauen, das für das Geschehenlassen so bedeutungsvoll ist. Kinder haben das Vertrauen, sie brauchen das Verständnis nicht, um die Dinge geschehen zu lassen. Sie erleben alles ohne Widerstände, und damit kann ihre Entwicklung ungestört ihrem Ziel entgegen gehen. Sie verstehen nicht, und doch entwickeln sie sich.

Das gleiche gilt auch für Erwachsene. Entgegen vieler Meinungen brauchen wir die Geschehnisse nicht zu verstehen, damit sie geschehen. Entwicklung geschieht einfach. Aber um dieses zulassen zu können, brauchen wir Vertrauen. Und da uns das Verständnis um die Dinge Vertrauen gibt, widmen wir uns nun der Bedeutung unserer Lebensumstände und der Psychosomatik, die uns dabei hilft, die Information und die Absicht, die in allen Abläufen vorhanden ist, zu verstehen.

Teil II

Register 1:
Beziehungsphasen und ihre Bedeutung

Im folgenden Kapitel wird die Beziehung in allen ihren Phasen beleuchtet. Wie im Leben beginnen wir mit dem Alleinsein, durchlaufen die Phase des Kennenlernens, kommen zur eigentlichen Partnerschaft und enden mit der Trennung. Die jeweiligen Schwierigkeiten, Probleme und Konflikte, die dabei auftauchen können, finden im folgenden besondere Beachtung. Wir werden die Hintergründe der Situationen anschauen und Zusammenhänge deutlich machen, um die Botschaft zu verstehen, die uns das Problem zeigt. Jede Situation beinhaltet eine Absicht und bringt diese auch zum Ausdruck. Diese Botschaft läßt uns den Sinn des Geschehens erkennen und gibt uns damit auch schon die Lösung des Problems mit an die Hand.

Wie bereits zu Beginn des Buches erwähnt, ist jedes Problem an sich einzigartig, weil es von vielen verschiedenen Komponenten beeinflußt wird. Deshalb sind unsere Lösungsvorschläge als Anregungen zu verstehen, um für die eigene Situation eine entsprechende Lösung zu finden.

1. Alleinsein

Das Alleinsein hat in unserem Leben eine ganz besondere Bedeutung. Es gehört, genau wie die Partnerschaft, zu unserem
Leben. Wir kommen alleine auf die Welt und wir werden sie
auch alleine wieder verlassen. Obwohl wir viele Freunde haben, vielleicht auch eine Partnerschaft, in der wir sehr glücklich sind, gibt es immer wieder die Momente, in denen wir uns
sehr einsam fühlen. Wir fühlen uns allein, haben das Gefühl,
mit unserem Problem ganz alleine dazustehen und wissen auch,
daß uns keiner dabei helfen kannn.

Manche Menschen lieben das Alleinsein, aber die meisten
fürchten sich vor der Einsamkeit. Sie fühlen sich nicht fähig,
allein mit dem Leben zurechtzukommen, geschweige denn,
allein glücklich sein zu können. Darum ist es natürlich kein
Wunder, daß diese Menschen die Einsamkeit fürchten und alles in Bewegung setzen, um eben nicht allein sein zu müssen.
Und wenn sie dann doch mit dem Alleinsein konfrontiert werden, bricht für sie alles zusammen.

In der Welt der Dualität haben die beiden Pole immer das
Bestreben, zu einer Einheit zu verschmelzen. Das ist die treibende Kraft, die Frau und Mann zusammenführt und beide eine
erfüllte Partnerschaft suchen läßt.

Um dieses Ziel erreichen zu können, müssen sie zunächst
einmal erkennen und annehmen, daß es an ihnen liegt und nicht
von äußeren Umständen abhängig ist. Sie haben sich alle Umstände, so wie sie jetzt sind, selbst geschaffen - bewußt oder
unbewußt. Es ist nicht der richtige Partner, den sie benötigen,
um eine glückliche und erfüllte Partnerschaft leben zu können,
und es sind auch nicht irgendwelche anderen äußeren Umstände, die das Erreichen dieses Ziels verhindern. Einerseits verhindert diese Erkenntnis, daß man sich weiterhin als Opfer
fühlen kann, was ja manchmal sehr angenehm und einfach ist.
Auf der anderen Seite beinhaltet sie dafür das ganze Potential
der Freiheit, das vielleicht noch nicht voll entwickelt ist, aber in

jedem Menschen auf seine Entfaltung wartet. Wir sind Schöpfer, keine Anpasser!

Ich kann nicht allein sein

Nur wenige können wirklich allein sein. Das bedeutet nicht, für einige Stunden oder Tage das Alleinsein auszuhalten, sondern ohne andere Menschen glücklich zu sein. Die meisten brauchen andere, sie sind alleine nicht glücklich. Sie werden unruhig und suchen überall nach Ablenkungen. Viele sind sogar so unselbständig, daß sie den Partner für ihr alltägliches Leben brauchen. Sie wollen und können nicht allein sein. Auch wenn sie große Schwierigkeiten in der Beziehung haben oder vieles überhaupt nicht ihren Wünschen entspricht, machen sie lieber Kompromisse, als sich auf das Alleinsein einzulassen.

Was steht dahinter?

Allein, ohne Ablenkung, kann all das an die Oberfläche kommen, was man die ganze Zeit nicht sehen wollte. Verdrängte Ängste, unverdaute Konflikte nutzen die Gelegenheit und fordern Aufmerksamkeit. Entweder man stellt sich diesem oder man läuft weg. Der eine flieht von einem Verhältnis zum nächsten, während der andere dem Alkohol huldigt, usw. Wer dieses alles nicht will, tut also gut daran, nicht allein zu sein, sich nicht zu intensiv mit sich selbst zu beschäftigen. Am besten man findet einen Partner, dem es genau so geht, so daß man sich gemeinsam ablenken kann. Eine solche Partnerschaft hat sich ein negierendes Motiv zugrundegelegt. Die Grundhaltung besteht nicht aus einem „Ja zur Gemeinsamkeit", sondern aus einem „Nein zum Alleinsein". In einer solchen Situation sind die Partner abhängig voneinander, sie sind bereit, eine Opfer dafür zu bringen. Sie tun, was der andere verlangt, solange die Angst vor dem Alleinsein größer ist als die Einschränkung durch den Partner. Seien Sie sich bewußt, daß „Ich kann nicht allein sein" immer bedeutet: „Ich will nicht allein sein".

Was ist zu tun?

Alleinsein ist eine Aufgabe, die sich jedem Menschen irgendwann einmal stellt, vor der er nicht weglaufen kann, die er lösen muß. Das heißt nicht, Eremit oder Eigenbrötler zu sein, und
dieses Alleinsein ist auch keine quälende Einsamkeit oder
Isolation. Es ist ein Schritt in die Freiheit. Gehen Sie, wann
immer Sie die Gelegenheit dazu haben, freiwillig in das Alleinsein. Nutzen Sie einen Teil Ihrer freien Stunden, vielleicht
sogar einen Urlaub, um ganz mit sich zu sein. Am Anfang mag
es sehr ungewohnt sein und bedarf möglicherweise auch einer
klaren Entscheidung, um nicht gleich wieder aufzugeben.
Halten Sie durch, und Sie werden schon bald im Alleinsein nicht
mehr das Gefühl von Einsamkeit haben. Auch Sie werden das
All-Eins-Sein lieben.

Ich will allein sein

Es gibt ihn wirklich, den Einzelgänger, der keinen Menschen
braucht, um seine Bedürfnisse zu befriedigen. Er ist glücklich
mit sich selbst. Man erkennt ihn daran, daß er keine Widerstände
gegen Partnerschaft hat und nicht alleine sein muß, sondern in
einer erfüllten Partnerschaft leben kann. Er ist alleine wie auch
in einer Beziehung in Frieden. Er hat erkannt, daß alles was er
sucht, in ihm ist. Er ist sich selbst der ideale Partner.

Viel häufiger begegnen wir aber dem scheinbaren Einzelgänger. Jemand, der allein ist, keine Partnerschaft lebt und be-
hauptet, daß er alleine sein will. In Wahrheit läuft er vor der
Partnerschaft davon.

Was steht dahinter?

Unabhängig ist man erst, wenn man sowohl in einer Partnerschaft als auch alleine glücklich ist. Solange man sich aber gegen die Partnerschaft wehrt, ist man nicht wirklich frei.

Einigen Menschen, die behaupten, daß sie lieber allein sind, ist nicht bewußt, daß sie sich nach einer erfüllten Partnerschaft sehnen. Sie wollen es nicht wahrhaben, damit sie sich nicht mit den Hintergründen auseinandersetzen müssen. Sie behaupten, daß sie viel lieber allein sind und eine Partnerschaft sie nur stören würde oder daß sie keine Zeit dafür haben. Manche sagen, daß eine Partnerschaft sie auf ihrem Weg behindert, daß sie nur Ärger macht und ihnen nichts geben könnte. „Letztendlich bin ich eh allein, also kann ich mich gleich damit auseinandersetzen und brauche den Umweg über die Partnerschaft nicht zu gehen", hört man so manchen Esoteriker sagen.

Aber das ist alles keine Freiheit, das ist vielmehr Flucht. Die wirklichen Gründe, warum viele Menschen einer Partnerschaft aus dem Weg gehen, bleiben dahinter verborgen.

Die Angst vor Nähe mit ihren unterschiedlichen Aspekten steht dabei meistens im Vordergrund. Man weiß, daß man sich in einer Partnerschaft früher oder später zeigen muß, zumindestens in der, die man sich wünscht. Dann kommen die Minderwertigkeitskomplexe, die Angst zu versagen, sexuelle Unsicherheit und vor allem die Unehrlichkeit zu Tage. „Will der andere mich dann noch, wenn er weiß, wie ich wirklich bin? Wahrscheinlich wird er sich dann angewidert von mir abwenden, und die Enttäuschung ist perfekt." So oder ähnlich lauten die Gedanken, die viele dann begleiten.

Was ist zu tun?

In dieser Situation ist es zunächst einmal wichtig, den eigenen Standpunkt zu erkennen. Stellen Sie sich noch einmal die Frage: „Will ich eine Partnerschaft?", und nutzen Sie dabei folgende Hifestellungen und Anregungen, um auf die Frage ein klares „Ja" oder „Nein" zu finden. Lassen Sie zunächst einmal alle Begrenzungen, Verbote, „Gibt es nicht" und Moralvorstellungen beiseite. Dann malen Sie sich eine Partnerschaft aus, die Sie sich vorstellen könnten und die Ihnen gefallen würde. Lassen Sie Ihrer Phantasie dabei freien Lauf, alles ist erlaubt. Auch Ihre eigenen Eigenschaften können Sie dabei verändern.

Wenn Sie eine Form gefunden haben und Sie sich von einer solchen Partnerschaft angezogen fühlen, dann wissen Sie, daß Sie eigentlich offen für eine Beziehung sind. Ihre Entscheidung, sich für eine Beziehung zu öffnen, wird Ihnen Stück für Stück die Überzeugungen zeigen, die Sie bislang davon abgehalten haben, eine erfüllte Partnerschaft zu leben.

Keiner ist gut genug

Wer sucht ihn nicht, den Idealpartner, der alle Bedürfnisse und Wünsche zur vollsten Zufriedenheit erfüllt? Manche haben ihn gefunden, aber die meisten sind ein Leben lang auf der Suche nach ihm.

Was steht dahinter?

Manche Menschen haben so hohe Erwartungen an ihren zukünftigen Partner, daß es kein Wunder ist, daß sie ein Leben lang vergeblich nach ihm suchen. An jedem finden sie meistens schon nach kurzer Zeit etwas, das nicht ihren Vorstellungen entspricht. Es ist ihr eigener Perfektionismus, den sie auf ihren Partner übertragen. Es sind die hohen Erwartungen, die sie an sich selbst haben und denen sie selbst nicht genügen. Genauso wenig, wie sie ihren eigenen Erwartungen gerecht werden, kann auch kein anderer ihren hohen Ansprüchen genügen.

Wenn Sie Ihr Leben auf das lange Warten nach dem idealen Partner ausrichten, dann versuchen Sie eigentlich, den unvorhersehbaren und nicht kontrollierbaren Risiken der Liebe und Partnerschaft auszuweichen. Eine Strategie, die ein ziemlich langweiliges Leben mit sich bringt. Wenn Ihre Vorstellung einen potentiellen Partner ausmustert, sind Sie auf Nummer Sicher gegangen und Sie gehen kein Risiko ein, eine Enttäuschung zu erleben.

Andere schrauben ihre Erwartungen nur deshalb so hoch, um so einer Partnerschaft aus dem Weg gehen zu können. Sie wollen gar keine Partnerschaft, weil sie Angst davor haben. Vielleicht wollen sie keine Enttäuschung erleben oder haben Angst vor Nähe und Liebe. Das, was sie sich am meisten wünschen, davor haben viele auch die größte Angst. Weshalb sie auch immer einer Beziehung aus dem Weg gehen, sind sich die wenigsten bewußt, oder wollen es nicht zugeben. So liegt es beim anderen, der den Vorstellungen nicht entspricht, oder am Schicksal, das den Richtigen nicht kommen lassen will.

Was ist zu tun?

Der ideale Partner ist immer der, zu dem es uns am meisten hinzieht. Jede Beziehung hilft uns, uns selbst ein Stück näher zu kommen. Darin liegt der Sinn einer jeden Partnerschaft. Wir können sicher sein, daß uns das Leben in diesem Sinne immer mit den idealen Situationen und Menschen zusammenbringt.

Nehmen Sie sich in Ruhe etwas Zeit und machen Sie eine Liste, was Sie von Ihrem Partner erhoffen, was Sie erwarten und welche Forderungen Sie an ihn haben. Beschreiben Sie genau, wie er aussehen soll, wie er sich verhalten soll, welche Ansichten und welche Bildung und Interessen er haben soll. Beschreiben Sie einfach alles, was Sie sich von ihm erträumen, seine Eigenschaften, den Zeitpunkt Ihrer Begegnung, einfach alles. Und seien Sie gründlich, vergessen Sie nichts, nicht die geringste Kleinigkeit.

Wenn Sie das dann getan haben, kommt der wichtigste Punkt: Vergessen Sie das alles, lassen Sie alles los, wirklich alles. Trennen Sie sich von diesen liebgewonnenen Vorstellungen, und gestatten Sie Ihrem Idealpartner, so zu sein, wie er wirklich ist: „Er selbst". Sorgen Sie dafür, daß vor Ihrer Begegnung wirklich alle Vorstellungen, die in Wahrheit ja nur Begrenzungen sind, aufgelöst wurden. Machen Sie sich ganz frei davon, denn jede Vorstellung trennt Sie voneinander.

Und wenn Sie sich dann zu einem Menschen hingezogen fühlen, der überhaupt nicht Ihren Vorstellungen entspricht, gerade dann können Sie ganz sicher sein, daß er vollkommen zu Ihnen paßt - auch wenn das nicht unbedingt bequem sein muß und nach außen keinen sehr harmonischen Eindruck macht.

Der Sinn einer Partnerschaft ist der, daß der andere mich mit meinem Mangel konfrontiert. Mit anderen Worten kann man auch sagen, daß der andere mir meinen unbewußten Teil zeigt, damit ich diesen Teil von mir erkenne und annehme, damit er in mein Bewußtsein aufsteigt. Die Auseinandersetzung mit dem anderen soll mich also letzlich zu mir selbst führen, mir helfen ganz „Ich-Selbst" zu sein. So ist der Partner, der mich derzeit begleitet, immer der ideale Partner für mich und ich für ihn.

Es ist keine besondere Kunst oder Herausforderung, sich in jemanden zu verlieben, der dem Idealbild entspricht. Aber es erfordert eine große innerliche Überwindung, seinem Gefühl der Anziehung Raum zu geben, obwohl derjenige überhaupt nicht den Idealvorstellungen entspricht.

Mich will keiner

Schon lange warten und suchen Sie einen Menschen, mit dem Sie eine Partnerschaft leben können. Ihre Freizeit gestalten Sie bewußt so, daß Sie mit vielen in Kontakt kommen. Sie gehen in einen Sportverein, zu Abendveranstaltungen und planen Ihre Urlaube in größeren Gruppen, in der Hoffnung, einen Menschen für eine gemeinsame Zukunft zu finden. Doch es findet sich keiner. Haben Sie mal einen potentiellen Partner gefunden, dann will er nichts von Ihnen wissen oder es zerschlägt sich nach den ersten Kontakten. Eventuell wenden Sie sich sogar an eine Partnervermittlung, doch ebenfalls erfolglos. Sie verzweifeln, fühlen sich hilflos und völlig machtlos. Keiner will Sie. Ihr Selbstwertgefühl wird weniger und weniger.

Was steht dahinter?

„Mich will keiner" bedeutet nichts anderes, als daß Sie sich selbst nicht wollen, so wie Sie sind. Ihr Gegenüber spiegelt Ihnen nur Ihr eigenes Inneres wider. Im Außen erfahren Sie Ihre eigenen Überzeugungen, die Sie von sich selbst haben. Wenn Sie sich selbst nicht liebenswert finden, werden Sie genau das erfahren, indem Sie keiner will.

Was ist zu tun?

Auch hier ist wieder der erste Schritt, sich zu erinnern, daß Sie selbst die Situation mit all ihren äußeren Umständen geschaffen haben, um etwas zu lernen, um sich zu entwickeln. Und wenn Sie diesen Lernschritt vollzogen haben, kann sich die ganze Situation ändern, aber erst dann.

Fragen Sie sich einmal, ob Sie mit sich selbst eine Partnerschaft haben wollen. Und wenn nicht, dann schauen Sie noch einmal hin, warum Sie das nicht wollen. Wenn Sie die entsprechenden Punkte gefunden haben, dann gibt es zwei Möglichkeiten. Entweder Sie verändern die Dinge, mit denen Sie nicht zufrieden sind, oder, was wesentlich einfacher ist, Sie akzeptieren, daß Sie Ihren perfekten Vorstellungen nicht entsprechen und nehmen sich selbst so an, wie Sie sind. Wenn Sie erwarten, daß Sie geliebt werden, ohne daß Sie sich selbst lieben, dann werden Sie lange warten. Keiner ist perfekt, und keiner möchte mit einem Perfekten zusammen sein. Zeigen Sie den anderen, wie man sich mit all seinen scheinbaren Schwächen lieben kann, denn danach suchen alle. Dann werden Sie nicht mehr die Qual haben, daß Sie keiner will, dann haben Sie eher die Qual der Wahl.

Ich traue mich nicht

„Immer wenn jemand kommt, der mir seine ganze Aufmerksamkeit, seine ganze Liebe schenkt und es wirklich aufrichtig
mit mir meint, bekomme ich Angst und distanziere mich. Dabei wünsche ich mir doch so sehr einen Partner."

Vielen Menschen geht es so, aber nicht allen ist dieser Me-
chanismus auch bewußt.

Was steht dahinter?

Mehr oder weniger haben wir alle Angst vor der Liebe. Das,
was wir uns am meisten wünschen, dort, wo unsere ganze Sehnsucht hingeht, befindet sich auch unsere größte Angst. Zahlreiche Menschen begeben sich erst gar nicht in solche Situationen,
in denen sie mit Zuneigung und Liebe konfrontiert werden.
Liebe kann alles verwandeln und zutiefst erschüttern. In dem
Maße, wie wir uns ihr öffnen, verwandelt sie alle Bereiche unseres Lebens. Liebe ist der direkteste Weg zum Glücklichsein,
denn sie nimmt alles an, bewertet nicht und läßt uns alles mit
Anerkennung erleben. Das ist der Grund, warum sie so oft
gemieden wird. Liebe ist nicht kontrollierbar. Wo Liebe ist, kann
man nichts mehr verstecken. Dieses oft unbewußte Wissen läßt
viele der Liebe aus dem Weg gehen. Was diese Menschen als
Liebe bezeichnen, sind meistens projizierte Ängste, Sehnsüchte,
Erwartungen, Bedürfnisse, Besitzansprüche und triebhafte Neigungen. Wenn sie überhaupt irgendwelche Beziehungen zulassen können, dann öffnen sie sich nicht wirklich, um sich in
ihrem Innersten berühren zu lassen. Hinter der Langeweile oder
anderen scheinbar vernünftigen Gründen, um sich zurückzuziehen, stehen in Wirklichkeit Resignation und Enttäuschung.

Was ist zu tun?

Die Aufforderung, die dahinter steht, heißt Loslassen. Loslassen der Kontrolle und bereit sein, sich zu zeigen mit allem, was gerade da ist. Die Liebe bewertet nicht, egal was für Neigungen, Gedanken, Verhaltensweisen, und Ängste da sind. Diese Ehrlichkeit und der Mut, der dazu gehört, sich ganz offen mit allem zu zeigen, ist das, was die meisten Menschen suchen. Von solchen Menschen, die den Mut haben sich zu zeigen, fühlen sie sich angezogen, weil sie genau so leben wollen, weil sie endlich auch so sein wollen, wie sie wirklich sind. Diese Menschen geben ihnen das Gefühl, daß sie so sein dürfen, wie sie sind, daß sie gut so sind, wie sie sind.

Gehen Sie diesen Schritt, haben Sie Mut und zeigen Sie sich. Dann können Sie die Liebe annehmen, die Ihnen entgegengebracht wird und ziehen sogar noch mehr Menschen und noch mehr Liebe an.

Ich verliebe mich nie

Verliebtsein ist ein berauschendes Gefühl und für viele ein deutliches Zeichen, daß es sich um den richtigen Partner handelt. Wenn sie nicht so richtig verliebt sind, ohne dieses berauschende Gefühl, das sie völlig begeistert von dem anderen sein läßt, so daß sie diesen keine Minute missen wollen, dann überkommt sie Zweifel, ob der Auserwählte der Richtige ist. So warten sie, daß sie jemandem begegnen, der genau dieses Gefühl in ihnen auslöst, aber es will einfach nicht geschehen.

Was steht dahinter?

Das schöne Gefühl des Verliebtseins läßt sich nicht machen, sondern stellt sich ganz von alleine ein, wenn die Voraussetzungen dafür gegeben sind. Verliebtsein bedeutet, von dem anderen bzw. von bestimmten Eigenschaften begeistert zu sein. Man fühlt sich von diesen Qualitäten angezogen, was nicht bedeutet, daß man dies mit dem Verstand versteht und nachvollziehen kann. Begeistert oder verliebt ist man nur in die Eigenschaften, die man bei sich selbst noch nicht entdeckt hat und die man auch gerne hätte. Wir tragen aber alle Eigenschaften in uns. So werden wir durch das Verliebtsein genau mit dem konfrontiert, was es jetzt in uns zu entdecken gilt.

Manchen stehen ihre Erwartungen aber im Weg. Bevor sie es zulassen, sich zu verlieben, muß der Partner erst bestimmte Voraussetzungen erfüllen. Sie versuchen, ihr Gefühl zu kontrollieren. Je größer die Erwartungen sind, umso unwahrscheinlicher ist die Möglichkeit, sich zu verlieben.

Andere wiederum haben eine genaue Vorstellung vom Verliebtsein. Aber auch dieses Gefühl kann sehr unterschiedlich sein. Viele, die eine lange glückliche Beziehung führen, hatten zu Beginn keine Phase der totalen Begeisterung und Euphorie.

Was ist zu tun?

Lassen Sie Ihre Erwartungen los, wie die Menschen sein sollen, die Ihnen begegnen. Erkennen Sie, daß es Ihre Selbstkritik ist, die die anderen unvollkommen erscheinen läßt. Alles, was Sie bei anderen bemängeln und von ihnen erwarten, zeigt Ihnen, wie Sie mit sich selbst umgehen.

Wenn Sie das Vertrauen wiedergewinnen, daß Ihnen immer die richtigen Menschen begegnen und es auch keinen falschen Partner gibt, dann werden Sie sich auch wieder verlieben.

Lesen Sie in diesem Zusammenhang auch im Kapitel „Keiner ist gut genug".

2. Kennenlernen

Haben wir uns für eine Partnerschaft geöffnet, werden wir immer wieder mit einem scheinbar unerklärlichen Phänomen konfrontiert: Der Magie der Anziehung.

Anziehung ist eine magische Kraft: Ein Mensch kann uns begeistern, während uns ein anderer völlig uninteressant erscheint. Es ist das geistige Gesetz der Resonanz, welches hier wirkt. Gleiches zieht Gleiches an. Angst zieht das an, was wir befürchten. Vorfreude läßt das entstehen, worauf wir uns freuen. Jeder kann nur das anziehen, was seiner derzeitigen Schwingung entspricht, und darum fühlen wir uns zu manchen Menschen hingezogen und zu anderen wiederum nicht.

Zentrales Thema in der Phase des Sichkennenlernens ist das Aussenden und Empfangen von Botschaften, die Kommunikation. Sie bezieht sich nicht nur auf verbale Botschaften, sondern vor allem auf die Körpersprache, die Botschaften, die durch das Verhalten ausgesendet werden und die Botschaften der Symbole.

Lernen sich zwei potentielle Partner kennen und interessieren sie sich füreinander, dann senden sie gerne mehrdeutige Botschaften aus. So können sie sich langsam nähern, ohne sich gleich verletzbar zu machen, denn durch die Mehrdeutigkeit bleibt immer noch ein Türchen offen. So wird nicht klar und deutlich mitgeteilt, was man denkt und fühlt, sondern die Botschaft wird so verpackt, daß sie immer noch anders verstanden werden kann. So kann man sich langsam vortasten, schauen wie der andere reagiert, um sich dann entweder zurückzuziehen oder ein Stückchen weiter vorzutasten. Man fühlt sich nicht nur sicherer, sondern die ganze Situation wird dadurch auch spannend und prickelnd.

Man gibt dem Gegenüber die Möglichkeit, die ausgesendete Botschaft auf unterschiedliche Weise zu verstehen. Dadurch, daß sie eben nicht klar ist, kann der Empfänger sie auch so interpretieren, wie es vom Sender nun gar nicht gemeint war.

Hierauf beruhen viele Mißverständnisse in der Begegnung zweier Menschen. Dieses kann auch in einer festen Beziehung über lange Zeit fortgesetzt werden.

Die Persönlichkeit des Empfängers entscheidet darüber, wie die Botschaft aufgenommen wird. Wenn Ihre neue Bekannte Sie nicht mit auf die Feier ihres Freundeskreises nimmt, und Sie aus dieser Mitteilung heraushören, daß Sie nicht gut genug seien, dann ist es Ihr mangelndes Selbstwertgefühl, welches Sie zu dieser Interpretation führt.

Die mehrdeutige Kommunikation dient also nur dazu, sich nicht offen zeigen zu müssen. Für den Beginn einer Beziehung mag das für viele sehr dienlich sein, aber fragen Sie sich auch, ob Sie das auf Dauer wollen. Ist es nicht gerade die Vertrautheit und das Gefühl, so sein zu können, wie man wirklich ist, die einen großen Teil unserer Sehnsucht nach Zweisamkeit ausmachen? Also vergessen Sie nicht, den Übergang zu finden und sich so zu zeigen, wie Sie sind.

Immer wieder das gleiche Problem

Kennen Sie das Phänomen, daß Ihre Beziehungen vielfach verblüffende Ähnlichkeiten aufweisen? Es ist eher selten, daß Menschen, die mehrere Beziehungen hatten, diese Erfahrung nicht gemacht haben. Es gibt Männer, und das sind nicht wenige, die sich immer von dem gleichen Frauentyp angezogen fühlen. Sie verlieben sich immer in die schöne, dominante, verletzende und notorisch untreue Frau. Wenn auch nicht gleich zu Anfang, sind sie dann doch bald wieder sehr unglücklich. Je schlechter es ihnen mit der Geliebten geht, um so mehr halten sie an der Beziehung fest.

Alle Freunde erkennen das sich anbahnende Drama, wenn der frisch Verliebte noch voller Begeisterung von seinem neuen Schwarm erzählt und davon überzeugt ist, „Diesmal wird alles ganz anders." Alle sanften Hinweise und massiven Warnungen werden in den Wind geschlagen. Auf die Frage, warum er sich denn nicht mal in ein nettes, warmherziges Wesen verliebe, lautet die Standardantwort: „Die interessieren mich leider überhaupt nicht!"

Oder denken Sie an die Frauen, die sich immer in die Unerreichbaren verlieben. Sie suchen sich verheiratete Männer aus, oder Schwule oder Männer, die im Ausland leben. Die Variationen sind vielfältig, haben aber eines gemeinsam: Der Traumpartner ist nicht zu haben! Das Phänomen dabei ist aber, daß es vom ersten oder spätestens vom zweiten Augenblick an offensichtlich ist. Auch sie leiden darunter, versuchen es aber trotzdem immer wieder. Die Ausdauer, dieses Schema zu wiederholen, ist wirklich beachtlich.

Was steht dahinter?

Jede Beziehung ist ein Lernfeld, das wir uns ausgesucht haben, um auf unserem Weg zur Einheit wieder einen Schritt zu tun. Auch wenn wir uns der Instanz in uns nicht bewußt sind, die diese Situation erschafft, deshalb nennen wir sie ja unser Unterbewußtsein, so existiert sie doch. Wir schaffen uns die gleichen oder ähnliche Situationen so lange, bis wir gelernt haben, was wir lernen sollten. Das gilt für alle Bereiche im Leben, nicht nur für die Partnerschaft. Es ist wiederum nur unsere Vorstellung, die sagt, daß das, was gerade geschieht, nicht gut für uns ist. Und unser Verstand läßt sich dann viele vernünftige Argumente einfallen, die uns erlauben, doch wieder wegzulaufen. Es sind unsere Widerstände, die uns darin hindern, zu erleben, was wir uns ausgesucht haben.

Wir entscheiden, was wir erleben möchten, um es dann zu erleben. Weigern wir uns zu erleben, was sich in Widerständen äußern kann, dann schaffen wir uns die Situation in verschiedenen Ausführungen so lange, bis wir bereit sind, sie zu erleben, sie zu fühlen und zu erfahren. Dann haben wir wieder einen Teil, den wir von uns getrennt haben, integriert. Wir sind wieder ein Stück heiler geworden, der Einheit einen Schritt nähergekommen.

Was ist zu tun?

Wenn Sie sich dieser Zusammenhänge bewußt sind, dann gehen Sie die nächste Wiederholung anders an und verharren Sie so lange darin, bis Sie gelernt haben, was Sie lernen sollten. Seien Sie sich bewußt, daß die Situation Ihnen eine Chance bietet und Ihnen nichts passieren kann. Finden Sie heraus, was genau Sie ablehnen und was Sie stört. Letztendlich lehnen Sie mit Ihren Bewertungen nur einen Teil von sich selbst ab. Erkennen Sie in Ihrem Partner einen Freund, der Ihnen zeigt, was Sie an sich selbst ablehnen und der Ihnen hilft, sich selbst zu lieben, so wie Sie sind. Wenn Sie keinen Widerstand mehr gegen die Situation haben, können Sie sicher sein, daß Sie Ihre Aufgabe erfolgreich gelöst haben. Dann werden Sie auch deutlich erkennen, welch großen Dienst Ihnen Ihr Partner erwiesen hat.

Ich gebe mich völlig auf

Jeder zeigt sich natürlich am liebsten von seiner besten Seite, vor allem, wenn er das Interesse des Auserwählten gewinnen will. Mit unterschiedlichem Aufwand versucht man zu vermitteln: „Ich bin ein wundervoller Mensch, genau das, was Du suchst."

Manche Menschen verlieren sich allerdings dabei und fallen in ein Verhalten, das ihnen normalerweise nicht entspricht. Sie haben es gehaßt, in verrauchten Kneipen zu sitzen, und jetzt diskutieren sie bis spät in die Nacht an der Bar. Sie geht für ihn einkaufen, nur um ihm zu gefallen, und er erkundigt sich hintenrum nach ihren Gewohnheiten, damit er sich ganz nach ihren Wünschen verhalten kann.

Was steht dahinter?

Viele haben eine Vorstellung davon, was dem anderen besonders gut gefallen würde, versuchen, es ihm in jeder Situation rechtzumachen und stellen ihre eigenen Bedürfnisse zurück. Sie sagen zwar, daß sie dem anderen eine Freude machen wollen, aber häufig wollen sie dem anderen nur gefallen und ihren Wert bei ihm erhöhen. Dabei es ist nur der mangelnde Selbstwert, der sie sich so verhalten läßt. Sie glauben, dem anderen so, wie sie sind, nicht zu genügen. Ihre Angst vor Ablehnung ist die treibende Kraft.

Haben sie dann Erfolg und gewinnen den Partner für sich, hält dieses Werbungsverhalten vielleicht noch eine Weile an, aber mit Sicherheit fallen sie früher oder später wieder in die alten Gewohnheiten zurück. Enttäuschung ist die Folge: „So habe ich den Partner ja gar nicht gesehen" hört man dann allzuoft.

Was für ein Widerspruch! Eigentlich wollen sie eine Partnerschaft, um geliebt zu werden und sein zu können, so wie sie wirklich sind. Aber sie zeigen sich von einer anderen Seite, in der Hoffnung, den anderen so erst mal zu binden, um dann langsam und Stück für Stück ihr wahres Gesicht zu zeigen.

Was ist zu tun?

Erkennen Sie, warum Sie sich so verhalten und daß es eigentlich gar nicht Ihr Ziel ist. Den Menschen, den Sie so zu gewinnen versuchen, veranlassen Sie, Ihnen genau so etwas vorzumachen. Dabei wollen Sie das gar nicht. Warten Sie nicht darauf, daß der andere beginnt, sich von seiner wahren Seite zu zeigen, sondern machen Sie den ersten Schritt. Zeigen Sie sich mit allem, so wie Sie sind, und geben Sie dem anderen so die Chance sich ebenso ehrlich zu verhalten.

Ich kann mich nicht entscheiden

Diejenigen, die sich in ihrem Leben nur schwer entscheiden können, werden von der gleichen Schwierigkeit auf der partnerschaftlichen Ebene auch nicht verschont. Entweder sie haben die Wahl zwischen zwei Bewerbern oder aber sie wissen nicht, ob es der Richtige ist, der gerade anklopft.

In der Regel versuchen sie, die Entscheidung zu umgehen und sie anderen zu überlassen. Das tun sie, indem sie andere um Rat fragen, oder die Situation bewußt oder unbewußt so gestalten, daß die Betroffenen die Entscheidung für sie treffen müssen. Manche warten auch einfach ab und lassen das Leben die Entscheidung für sie treffen. „Das Leben wird schon wissen, was für mich gut ist" ist dann die Ausrede, um sich nicht selbst entscheiden zu müssen.

Was steht dahinter?

Aus Angst, einen Fehler zu machen und dafür die Verantwortung übernehmen zu müssen, bleiben viele Menschen auf der Stelle stehen. Sie suchen nach Argumenten, die die Wahl erleichtern sollen und gehen alle Möglichkeiten in Gedanken durch, um die Folgen absehen zu können. Was sie dadurch erreichen, ist alles andere als Klarheit. Diese Klarheit, die sie suchen, werden sie nie finden, weil sie sie gar nicht finden wollen. Unbewußt vermeiden sie Klarheit, denn dann müßten sie sich entscheiden, was sie aber überhaupt nicht wollen. Sie haben Angst davor, einen Fehler zu machen, und dafür wollen sie die Verantwortung nicht tragen.

Was ist zu tun?

Wenn Sie ebenfalls Schwierigkeiten mit Entscheidungen haben, dann sind Sie aufgefordert, mehr Verantwortung für Ihr Leben zu übernehmen. Seien Sie sich bewußt, daß Sie nichts falsch machen können. Jede Situation ist gerade der optimale Lehrer, den wir für unsere eigene Entwicklung eingestellt haben. Nur darum geht es im Leben, zu wachsen und zu erkennen, wer wir wirklich sind, und dazu dient uns jede Situation optimal.

Wir möchten gerne Sicherheit haben und voraussehen, wie wir uns am besten verhalten sollten. Viele grübeln über die Situation nach und versuchen, den optimalen Weg zu finden. Das kann lange dauern, wobei sie sich in der Regel nur im Kreis drehen.

Doch diese Sicherheit, die sie suchen, gibt es nicht. Wir können nicht wissen, was geschehen wird, aber wir können darauf vertrauen, daß alles, was geschieht, gut für uns ist. Alles, womit wir uns konfrontieren, dient letztendlich unserer eigenen Entwicklung, auch wenn es uns nicht immer angenehm ist.

Wenn Sie also schon nicht wissen, wie Sie sich verhalten sollen, weil Sie eben nie genau wissen, was daraus wird, dann können Sie doch auch ehrlich sein und sich so verhalten, wie es Ihnen entspricht. Wie ärgerlich, wenn etwas nicht so kommt, wie Sie es sich vorgestellt haben, und Sie waren obendrein auch noch unehrlich. Andersherum können Sie sich wenigstens auf die Schulter klopfen für Ihre Aufrichtigkeit.

Abgesehen davon können Sie in Ihrem Leben nichts vermeiden. Mit einer solchen Strategie erreichen Sie nur das Gegenteil. Das, worauf Sie Ihre Aufmerksamkeit richten, das ziehen Sie an. Eine kleine Übung macht Ihnen das deutlich: Stellen Sie sich mal gerade jetzt im Moment keinen Elefanten vor. - Merken Sie, daß das nicht geht? Sie haben das Bild eines Elefanten vor sich, auch wenn er vielleicht durchgestrichen ist oder ein „Nein" darunter steht. Genauso ist es im Leben mit den Dingen, die Sie nicht haben wollen. Sie ziehen sie an.

Sich entscheiden können ist eine Eigenschaft der Freiheit, nach der wir uns so sehnen. Wenn Sie Ihre Angst loslassen können, etwas falsch zu machen, dann werden Sie mit Freude Entscheidungen treffen. Seien Sie der Schöpfer, der Sie sind, und übernehmen Sie die Verantwortung für Ihre Schöpfung.

Ich habe Angst vor Ablehnung

Die Angst vor Ablehnung versteckt sich in vielen anderen Problemen: „Ich bin zu schüchtern", „Ich traue mich nicht, so zu sein, wie ich bin", „Ich weiß nicht, wie ich mich verhalten soll?" usw.

Bei der Liebeswerbung ist die Möglichkeit der Ablehnung immer gegeben. Ablehnung an sich ist nicht weiter schlimm. Es sagt ja nur, daß jemand, für den Sie sich interessieren, sich nicht für Sie interessiert, und das kann Ihnen natürlich auch umgekehrt passieren.

Was steht dahinter?

Das Gefühl, nicht gut genug zu sein, die eigenen Minderwertigkeitsgefühle sind die Ursache für die Angst, von anderen abgelehnt zu werden. Viele Menschen nehmen sich selbst nicht an, wie sie sind und haben dann Angst, daß die anderen sie ebenfalls ablehnen. Aus diesem Grunde versuchen sie, sich nur von ihrer besten Seite zu zeigen und verbergen alles andere. Die Ablehnung, die Sie von anderen Menschen erfahren, zeigt Ihnen, wo Sie sich selbst noch nicht angenommen haben.

Was ist zu tun?

Wichtig ist, wie Sie mit der Ablehnung umgehen. Wenn z.B. eine Frau es ablehnt, sich von Ihnen zum Essen einladen zu lassen, oder ein Mann sagt, er wird sich melden und dann doch nicht anruft, kann es sein, daß Sie daraus eine Frage der Selbstachtung machen. Dabei ist das nur Ihre Interpretation, wenn Sie daraus schließen, daß Sie nicht gut genug sind. Viele Gründe können zu solchen Situationen führen. Und selbst wenn es so ist, daß der andere nichts von Ihnen wissen will, heißt das nicht, daß er Sie für schlecht, häßlich, nicht gut genug usw. hält. Oder bewerten Sie alle Menschen so, die Sie mal angesprochen haben, nur weil sie nicht Ihrem Geschmack oder Ihren Wünschen entsprachen?

Um herauszufinden, wie sehr Ihre Angst vor Ablehnung Sie einschränkt, sollten Sie sich einmal folgende Fragen ganz ehrlich beantworten:

- Brauche ich Alkohol oder etwas anderes, um meine Hemmungen zu verlieren?
- Bleibe ich lieber in meinem Bekanntenkreis, um neue Bekanntschaften zu vermeiden?
- Bin ich offen für Veränderungen, einen neuen Arbeitsplatz, ein neues Hobby oder eine neue Umgebung?
- Befällt Sie schon bei dem Gedanken an eine neue Begegnung oder eine neue Liebesbeziehung lähmende Angst?
- Trauen Sie sich nur unter idealen Umständen einen solchen Kontakt zu, also nur, wenn Sie gerade mit sich selbst ganz zufrieden sind und sich ganz toll finden?
- Beschränken sich die meisten Liebesaffären auf Ihre Phantasie, um eine mögliche Enttäuschung in der Realität zu vermeiden?

Sie sollten sich gleich jetzt Ihrer Angst stellen. Noch nie ist ein Mensch daran gestorben, daß ein anderer kein Interesse an ihm hatte. Vielleicht möchte der andere ja nur gerade in dem Augenblick nicht, aus welchen Gründen auch immer, oder er ist selbst zu schüchtern und zieht sich lieber zurück. Wie wollen Sie Ihre Angst vor Ablehnung überwinden, wenn Sie ständig Kontakte vermeiden? Nehmen Sie es nicht persönlich, wenn der andere nicht kann oder nicht will.

Eine sehr hilfreiche Übung, die auch sehr amüsant sein kann, ist, bewußt Körbe zu sammeln. Sprechen Sie andere an in der Absicht, einen Korb zu bekommen. Sie werden überrascht sein, daß Sie noch nicht einmal dort abgelehnt werden, wo Sie es mit Sicherheit erwarten.

Wenn Sie abgelehnt werden, müssen Sie Ihren Weg finden, damit umzugehen. Sie können sich ins Bett, in den Alkoholkonsum, in den Kühlschrank oder in den Fernseher flüchten, das alles wird Ihnen letztendlich nicht helfen, auch wenn es sich so vorübergehend besser ertragen läßt. Wirklich helfen wird Ihnen nur zu lernen, sich selbst zu lieben. Je mehr Sie erkennen, wer Sie wirklich sind, umso mehr werden Sie sich selbst lieben.

Ich will nicht enttäuscht werden

Diese Angst halten viele Menschen für berechtigt, sind sie doch schon so oft in ihrem Leben enttäuscht worden. Bevor sie sich entscheiden oder auf etwas neues einlassen, versuchen sie, alle möglichen Folgen abzusehen. Sie sind sehr vorsichtig, und Spontaneität findet man eher selten bei ihnen.

Was steht dahinter?

In Wirklichkeit wollen viele nicht erkennen, daß sie selbst es sind, die diese Enttäuschung hervorrufen. Die Weisheit der Sprache macht auch hier deutlich, was wirklich ist. Eine Enttäuschung ist nichts anderes als das Aufdecken einer Täuschung. Jeder Enttäuschung geht eine Täuschung voraus. Aber anstatt zu sagen: „Ich habe mich getäuscht", heißt es im allgemeinen: „Ich bin enttäuscht worden". Mit anderen Worten ausgedrückt heißt das: „Der andere ist schuld".

Letztlich sind es unsere Erwartungen, die unerfüllt bleiben und die Enttäuschung hervorrufen. Viele sind sich ihrer Erwartungen gar nicht bewußt. Sie suchen etwas, ein Gefühl, das der andere oder die Partnerschaft ihnen geben soll. Wenn sich das Gefühl dann nicht einstellen will, sind sie unbefriedigt und enttäuscht. „Irgendwie ist es das nicht, was ich gesucht habe" heißt es dann, oder „Es ist wohl doch nicht der richtige Partner". Überall werden dann die Gründe gesucht, nur nicht bei sich selbst. Für die eigene Unzufriedenheit die Verantwortung übernehmen, das möchten die meisten nicht. Aber es ist die einzige Möglichkeit, wirklich etwas zu verändern.

Was ist zu tun?

Zunächst ist es wichtig zu erkennen, daß Sie niemand enttäuschen kann. Sie sind es selbst, der sich getäuscht hat, was Ihnen mit der Enttäuschung meistens schmerzlich bewußt wird. Erkennen Sie, daß Sie es verursacht haben, und übernehmen Sie die Verantwortung dafür. Vergessen Sie auch nicht, daß es nichts mit Schuld zu tun hat, nicht schlecht oder gut ist, sondern nur besagt, daß Sie der Schöpfer sind. Damit haben Sie auch die Möglichkeit, die Situation zu verändern. Wenn Sie sich diese geschaffen haben, dann können Sie sich auch eine andere schaffen.

Geben Sie die Verantwortung ab, indem Sie sagen, daß der andere Ihre Enttäuschung verursacht hat, dann nehmen Sie sich gleichzeitig die Möglichkeit, es jetzt und in Zukunft zu ändern. Sie sind abhängig von dem Sein und dem Handeln Ihres Gegenübers. Sie erleben das, woran Sie glauben, aber in jedem Falle haben Sie es sich selbst geschaffen.

Werden Sie sich also Ihrer Erwartungen bewußt. Nehmen Sie sich am besten gleich eine halbe Stunde Zeit, und schreiben Sie mal alles ganz ehrlich auf, was Sie von Ihrem Partner und Ihrer Partnerschaft erwarten und wünschen. Das Ziel ist, alle diese Vorstellungen loszulassen, dann werden Sie auch keine Enttäuschung mehr erleben. Den idealen Partner und die ideale Partnerschaft haben Sie sowieso. So wie es ist, ist es perfekt, um das zu erreichen, was Sie wirklich wollen.

Ich verliebe mich so schnell

Verliebtsein ist das euphorischste und leidenschaftlichste Gefühl auf der Welt. Wenn wir es haben, dann möchten wir es am liebsten auf immer und ewig festhalten. Wir sind begeistert von dem Menschen, der es ausgelöst hat und glauben, daß er es ist, der so wundervoll ist. Manche Menschen können sich nahezu jeden Tag verlieben und machen sich darum Sorgen.

Was steht dahinter?

Je mehr wir in der Lage sind, die Eigenschaften wahrzunehmen, die uns bei anderen Menschen anziehen, um so häufiger können wir das Gefühl des Verliebtseins genießen. Wenn wir mit unserer Aufmerksamkeit in erster Linie bei uns selbst sind, bei unseren Gedanken, Sorgen, Aufgaben usw., dann können wir nur wenige der begeisternden Eigenschaften unserer Mitmenschen aufnehmen.

In Wirklichkeit hat Verliebtsein nur sehr wenig mit dem anderen zu tun. Wir sehen schon seine Schönheit und sind fasziniert von seinen Eigenschaften, aber was uns so berauscht, ist die Verbindung mit unserem eigenen wundervollen Wesen, das uns der andere widerspiegelt. Das ist es, was uns so beflügelt, uns unsere Sorgen vergessen läßt, ungeahnte Kräfte in uns weckt und an Wunder grenzende Heilungen geschehen läßt.

Wer das nicht erkennt, der sieht die Ursache für seinen herrlichen Zustand in dem Menschen, in den er sich verliebt hat. Die Quelle des Glücks ist der andere. In dem Moment versucht er, den Glücksbringer an sich zu binden, um diesen Zustand nicht zu verlieren. Er versucht sogar, noch mehr von dieser seligmachenden Droge zu bekommen und stürzt sich dabei in die Abhängigkeit. Die Angst zu verlieren, löst das wundervolle Gefühl des Verliebtseins ab. Jetzt wird erst recht geklammert und um die Gunst des anderen gekämpft, war er es doch, der dieses Verliebtsein ausgelöst hat und ist daher auch der einzige, der dieses Gefühl wieder auslösen kann.

Was ist zu tun?

Wenn Sie verliebt sind, dann sollten Sie zuerst dieses wundervolle Gefühl genießen. Aber auch hier sind Sie wieder aufgefordert, die Verantwortung zu übernehmen und sich als die Ursache der Situation zu erkennen. Erkennen Sie, daß Sie von Ihrem eigenen Wesen so begeistert sind und machen Sie sich keine Sorgen, wenn Sie sehr oft von Ihrem eigenen Wesen begeistert sind. Sie haben allen Grund dazu. Nutzen Sie die Chance und entfalten Sie genau diese Eigenschaften, die Sie so begeistern. Sie tragen sie in sich und sie wollen in den bewußten Teil Ihres Seins aufsteigen. Leider tun sich viele Menschen sehr schwer damit anzunehmen, daß sie in Wahrheit wundervolle Wesen sind. Ihr Gefühl von Minderwertigkeit erlaubt ihnen nur langsam, ihr eigenes wundervolles Wesen zu entfalten. Aber auch das ist nur eine Frage der Zeit, letztendlich wird jeder sein wahres Sein erkennen. Das ist die Bestimmung eines jeden. Verliebtsein ist eine Hilfe auf dem Weg. Wenn wir verliebt sind, dann ist das ein Vorgeschmack auf das eine Ziel: Die Liebe zu uns selbst. Genießen Sie also das Verliebtsein und seien Sie sich bewußt, daß Sie in Wahrheit in sich selbst verliebt sind.

3. Zusammensein

Liebe

Die meisten Menschen glauben, daß Liebe eine Sache des Zufalls ist, etwas, das geschieht, wenn man eben Glück hat. Hat man Pech, geschieht es eben nicht oder die Liebe wird nicht erwidert. Auf jeden Fall aber hat man darauf nur wenig oder gar keinen Einfluß. Sie wissen nicht, daß Liebe eine Kunst ist, die jedem innewohnt und die wieder entwickelt werden will.

Viele interessieren sich auch nur für den Teil der Liebe, den Sie selbst bekommen. Sie wollen vor allem geliebt werden und kümmern sich weniger darum, wieweit ihre Fähigkeit zu lieben ausgeprägt ist. Wenn sie sich schon bemühen, dann wollen sie noch liebenswerter werden. Die einen machen sich zu diesem Zweck schöner, schminken sich, trainieren ihren Körper, kleiden sich modisch und duften verführerisch. Andere streben nach Erfolg, machen große Geschenke, bilden sich weiter und studieren geistige Techniken, um mehr und intensiver geliebt zu werden.

Und wenn sie dann jemanden gefunden haben, den sie zu lieben glauben, dann lieben sie meistens nicht wirklich, sondern sie lieben etwas. Sie haben einen bestimmten Grund zu lieben. Entweder ist der andere besonders schön, erfolgreich, verführerisch oder hat vielleicht sogar alles, weshalb sie ihn so lieben. Gäbe es diesen Grund nicht, dann würden sie den Menschen auch nicht lieben. Sie haben ihre Liebe an eine Bedingung geknüpft. Was lieben sie eigentlich? Sie lieben nicht den Menschen, sondern lediglich seine Eigenschaften oder das, was ihnen dieser Mensch gibt. Sicherheit, Geborgenheit, Befriedigung, das Gefühl, geliebt zu werden, Anerkennung und vieles mehr könnte man hier aufzählen, das mit wahrer Liebe nichts zu tun hat. Dies sind alles verschiedene Gesichter der Abhängigkeit. Solange wir noch einen Grund haben, den anderen zu lieben, lieben wir ihn nicht wirklich.

Viele suchen nach der Liebe, aber wissen nicht einmal, was das ist, wie sie aussieht und woran man sie erkennt. Vor allem wissen sie nicht, wie man selbst liebt. Die drei Zauberworte „Ich liebe Dich" werden oft gesagt, aber gemeint ist meistens „Ich brauche Dich" oder „Verlaß mich nicht". Das zeigt deutlich, daß wirkliche Liebe noch nicht gefunden wurde.

Viele suchen nur deshalb die Liebe in einer Partnerbeziehung, weil sie unfähig sind, sich selbst zu lieben. Wenn ich aber nicht einmal mich selbst lieben kann, kann ich erst recht keinen anderen lieben, oder besser, ich kann einen anderen nur soweit lieben, wie ich mich selbst lieben kann. Eigenliebe ist das Maß unserer Fähigkeit, andere zu lieben. Ohne Selbstliebe gibt es keine Nächstenliebe. Das führt auch dazu, daß wir alleine glücklich sein können. Wir brauchen den anderen nicht, damit wir uns geliebt fühlen, da wir uns selbst lieben. Wir sind aus der Abhängigkeit befreit. Solange wir den anderen brauchen, sind wir nicht wirklich frei. Haben wir uns selbst von der Angst, allein gelassen zu werden, befreit, dann sind wir auch fähig, unserem Partner mehr Freiheit zu geben. Erst dann wird wahre Liebe möglich, denn Liebe kann man nicht einsperren oder festhalten. Versuchen wir es, stirbt sie, und in vielen Beziehungen ist sie längst gestorben. Was bleibt, ist Gewohnheit.

Was ist nun eigentlich Liebe?

So viel wurde schon über die Liebe geschrieben und geredet. Es hat viele Versuche gegeben, Liebe mit Worten zu beschreiben oder zu erklären. Letztlich kann man sie nicht erklären, Liebe kann man nur erfahren. So bleibt auch das Folgende nur ein Versuch mit der Ausrichtung, eine Tür für die Erfahrung zu öffnen.

Liebe ist unser wahres Wesen. Sie macht uns glücklich und gibt uns alles, wonach wir suchen. Tief im Inneren wissen das alle Menschen, und deshalb suchen auch alle danach. Sie suchen überall, im Beruf, bei Freunden, beim Hobby, im Vergnügen, in der Familie und vor allem in der Partnerschaft. Dort, im

Außen, können sie die Liebe nicht finden. Die Liebe ist in uns, und nur dort können wir sie finden. Das Außen zeigt mir nur, wo ich mit meiner Suche stehe. Je mehr ich mich selbst erkannt habe, desto mehr liebe ich mich und meinen Nächsten und dementsprechend begegnet mir auch im Außen Liebe.

Liebe ist unabhängig vom Außen, sie braucht keine Bedingungen, damit sie sich entfaltet. Liebe will nichts verändern, denn sie weiß, daß alles in vollkommener Ordnung ist. Liebe genießt und erkennt sich selbst in allen Dingen und erfährt sich selbst. Die Liebesfähigkeit eines Menschen zeigt die Reife seiner Seele. Partnerschaft hilft uns, unsere Liebesfähigkeit zu entwickeln, indem sie uns die Hindernisse vor Augen hält. Auf dem Weg zur erfüllten Partnerschaft gibt sie uns die Möglichkeit zu erkennen, was uns noch fehlt, um unser wahres Sein, die Liebe, zu leben.

Keiner liebt mich wirklich

Kennen Sie das Gefühl, daß alle nur etwas von Ihnen haben wollen, aber keiner Sie wirklich liebt?

Was steht dahinter?

Warum möchten Sie geliebt werden, könnte ich Sie jetzt fragen. Wahrscheinlich würden viele dann antworten: „Weil es schön ist, geliebt zu werden. Ich fühle dann, daß ich etwas wert bin. Der andere sagt mir, daß er mich gut findet, und das tut mir gut. Er unterstützt mich, hilft mir in schwierigen Situationen und gibt mir das Gefühl, daß ich nicht allein bin und verstanden werde."

Abgesehen von einigen anderen Vorteilen einer Partnerschaft, sind dies wohl die Hauptgründe, warum die meisten Menschen geliebt werden wollen. Bei dieser Erwartungshaltung ist es nicht verwunderlich, daß die Enttäuschung nicht lange auf sich warten läßt. Es geht gar nicht anders. Diese Haltung zeigt nur zu deutlich, wo die wirkliche Ursache liegt. Sie liegt nicht bei dem anderen, der einen scheinbar nicht richtig liebt, sondern bei einem selbst. Man möchte von dem anderen haben, was man sich selbst nicht geben kann. Der Mangel an Eigenliebe und Selbständigkeit soll durch den Partner ausgeglichen werden. Aber anstatt diesen Mangel auszugleichen, spiegelt der Partner genau das wider, was wir nicht sehen wollen. Er macht genau das mit uns, was wir mit uns selbst machen.

Wir wollen, daß der andere uns liebt und genau das gleiche macht er auch mit uns: Er will auch nur etwas von uns und gibt uns genausowenig, wie wir ihm geben.

Was ist zu tun?

Wir ziehen uns genau diesen Partner an, um durch ihn auf unseren Mangel aufmerksam zu werden. Wenn wir das erkennen und die Verantwortung für dieses Erlebnis übernehmen, das wir uns selbst geschaffen haben, dann können wir die Situation auch verändern. Wenn wir allerdings auf unserer Schuldprojektion beharren, uns dadurch unverstanden und als Opfer fühlen, dann haben wir unser Schöpferpotential freiwillig abgegeben und dürfen uns nicht wundern, wenn sich nichts verändert.

Erkennen Sie die Aufforderung, die in dieser Situation enthalten ist, geben Sie sich selbst, was Sie von Ihrem Partner haben wollen. Wenn Sie sich selbst lieben, mit sich selbst verständnis- und liebevoll umgehen, dann ziehen Sie auch den Partner an, der Sie liebt und versteht.

Ich kann nicht lieben

Manche Menschen denken von sich, daß sie nicht fähig sind zu lieben und bekommen dieses in ihrem Alltag immer wieder vor Augen gehalten. Entweder sind es Freunde oder der Partner, der ihnen genau dieses vorwirft, oder es ist die mangelnde Freude in ihrem Leben, die ihnen zeigt, daß sie die meisten Dinge ohne Liebe tun.

Was steht dahinter?

In Wahrheit ist jeder Mensch in der Lage zu lieben. Wir sind von unserem Wesen her reine Liebe und brauchen sie nur fließen zu lassen. Liebe geschieht, wenn wir es zulassen und ihr nichts in den Weg stellen.

Was sind also die Blockaden, die so manchen daran hindern, seine Liebe fließen zu lassen? Kritik ist eines der größten Hindernisse und leider weit verbreitet. Was wir an anderen Menschen, Dingen und Lebensumständen kritisieren, zeigt uns aber nur, was wir an uns selbst kritisieren. Eigenkritik oder mangelnde Selbstliebe ist die Ursache, wenn wir nicht lieben können.

Was ist zu tun?

Solange wir unsere Mitmenschen nicht so akzeptieren, wie sie sind, können wir sie auch nicht lieben. Erst wenn Sie erkennen, daß jeder genau so wie er ist vollkommen ist, werden Sie diesen Menschen wirklich erkennen. Dann wird Ihre Liebe frei fließen, und Sie brauchen nichts dafür zu tun. Es gibt nichts Schöneres als wirklich zu lieben. Darin liegt unsere Erfüllung.

Aufhören, andere zu kritisieren, geht aber erst dann, wenn wir uns selbst nicht mehr kritisieren. Unser Gegenüber, mag er noch so schlecht erscheinen, ist nichts anderes als ein Spiegel, den wir uns selbst in unser Leben geholt haben. Um uns selbst zu erkennen, ziehen wir unbewußt alle die Eigenschaften an, die wir selbst noch nicht in unser Sein integriert haben. Erst wenn wir aufhören, uns selbst zu kritisieren, und erkennen, daß wir vollkommen sind, werden wir auch den Nächsten so annehmen, wie er ist. Erst wenn wir uns selbst lieben, können wir auch den anderen lieben. „Ich kann nicht lieben" heißt nichts anderes, als daß ich mich selbst nicht liebe. Darin liegt der Schlüssel. Finden Sie die Liebe zu sich selbst. Erkennen Sie, daß Sie nichts falsch machen und auch nie etwas falsch gemacht haben. Es gibt nichts an Ihnen zu kritisieren. Sie sind vollkommen in Ordnung, so wie Sie sind. Mit dieser Einstellung werden Sie dann auch anderen Menschen begegnen und sie wahrnehmen, wie sie wirklich sind. Dann können Sie jeden lieben.

Meine Liebe ist so launisch

Wer kennt sie nicht, die Gefühlsschwankungen, denen sich so mancher ausgeliefert fühlt. Da hat man sich auf einen Menschen gefreut, und wenn man ihn dann trifft, dann hat man überhaupt keine Lust mehr und möchte am liebsten wieder nach Hause. Nicht nur, daß man sich gerade nicht gut fühlt, nein, man kritisiert sich auch noch dafür. Viele ahnen, daß sie ihr Befinden selbst verursachen und machen sich dann selbst Vorwürfe für ihre Gefühlsschwankungen.

Was steht dahinter?

Wenn Sie glauben, daß Sie sich nicht schlecht fühlen dürfen - und das tun viele Menschen - dann werden Sie versuchen, diese Gefühle zu vermeiden. Ihre Erfahrung hat Ihnen gezeigt, daß Sie nur geachtet sind, wenn es Ihnen gut geht und Sie fröhlich sind. Sie versuchen, eine Seite Ihres Seins zu vermeiden. Mit diesem Widerstand erreichen Sie aber genau das Gegenteil. Das Verdrängte kommt an die Oberfläche, wenn Sie es gar nicht gebrauchen können. Ihre Bewertung und Einteilung, was Gut und Schlecht ist, ist die Ursache für dieses Verhalten.

Was ist zu tun?

Erkennen Sie, daß das, was Sie gerade fühlen vollkommen in Ordnung ist. Natürlich ist es ein sehr guter und wichtiger Schritt, die Verantwortung für sein Leben zu übernehmen und zu erkennen, daß man selbst seine Lebensumstände verursacht hat. Das bedeutet aber noch lange nicht, daß man etwas falsch gemacht hat, nur weil das, was gerade da ist, nicht dem entspricht, was man sich wünscht. Genausogut könnte man ein kleines Kind bestrafen, weil es sich die Hand auf der Herdplatte verbrannt hat. Sie haben sich die Situation ja nicht bewußt geschaffen, um zu leiden, sondern haben in jeder Situation das gemacht, was Sie für am besten hielten. Es gibt daran nichts zu kritisieren. Unsere Mitmenschen lieben es, wenn wir immer „gut drauf" sind und finden es nicht so anziehend, wenn es uns schlecht geht, aber nur deshalb, weil sie selbst ihre scheinbaren negativen Gemütszustände nicht akzeptieren können.

Was ist schon dabei, wenn man sich mal nicht wie neugeboren und voller Lebensfreude fühlt. Eigentlich sind es alles nur Gefühle. Schmerz und Traurigkeit sind auch nur Gefühle, nur die Bewertung, daß das nicht gut ist, oder daß man sich so nicht fühlen darf usw. verursacht, daß man leidet.

Die Liebe sagt: „Es ist, wie es ist." Liebe bedeutet, zu jeder Situation ja zu sagen und alles so anzunehmen, wie es ist. Es sind nicht Ihre Gefühlschwankungen, die dafür sorgen, daß Ihre Liebe so wechselhaft ist. Es sind Ihre Bewertungen, die Verurteilung Ihres eigenen Zustandes, die den Fluß Ihrer Liebe verhindert. Wenn Sie sich selbst annehmen, egal wie Sie sich gerade fühlen, dann werden Sie auch alles und jeden annehmen, und Ihre Liebe wird immer fließen.

Eifersucht

Meine Eifersucht plagt mich

In unserer „Haben-Gesellschaft" ist es fast eine Selbstverständlichkeit, den Partner für sich allein zu beanspruchen. Wie sollte man auch eine Ausnahme machen, wenn das ganze übrige Leben auf Besitz und Anerkennung ausgerichtet ist. Wenn sich jedoch das Besitzstreben auch in die Liebe einmischt, dann kommt es zwangsläufig zur Eifersucht, die uns das Leben und die Liebe schwer macht.

„Eifersucht ist eine Leidenschaft, die mit Eifer sucht, was Leiden schafft."

Von außen betrachtet zeigt sich das Verhalten eines eifersüchtigen Menschen tatsächlich so. Wenn er keinen direkten Grund hat, eifersüchtig zu sein, dann sucht er sich einen und ist dabei auch meistens erfolgreich. Auch wenn es nur seine Interpretationen der Umstände und Geschehnisse sind, so ist es für ihn doch Realität. Dieses Verhalten belastet eine Beziehung natürlich und führt früher oder später genau zu dem, was eigentlich vermieden werden sollte. Obwohl manche Menschen das genau wissen und auch spüren, können sie sich nicht von ihrer Eifersucht befreien. Sie kennen die wirklichen Ursachen nicht.

Was steht dahinter?

Bei vielen steht hinter der Eifersucht die Angst, den Partner zu verlieren. Diejenigen, die dieses nicht wahrhaben wollen, klagen ihren Partner lieber an, dessen Verhalten ja dafür gesorgt hat, daß man die Eifersucht fühlt. „Du hast mir versprochen, mich nie zu verlassen", „Du hast gesagt, Du liebst mich" oder so ähnlich lauten dann die Anklagen. Je nach Charakter äußert sich diese Anklage als Enttäuschung oder aber in Form eines wütenden, aggressiven Angriffes. Gerne orientiert man sich an den Gesellschaftsnormen, die gerade passen. „Untreue ist eine

Untugend, ein schlechter Charakterzug" hilft einem z.B., von sich selbst abzulenken und den anderen als Urheber der leidvollen Situation zu beschuldigen.

All das hilft einem dann, dem anderen die Schuld für sein eigenes Befinden zu geben. Wenn man sich schon schlecht fühlt, dann soll wenigstens ein Schuldiger her, damit man sich beruhigt als Opfer fühlen kann und nicht die Verantwortung übernehmen muß.

Die Angst, den anderen zu verlieren, kann so groß sein, daß sie manche Menschen regelrecht lähmt. Sie sind zu nichts mehr in der Lage. Sie wissen nicht mehr ein noch aus. Die Vorstellung, der andere geht aus ihrem Leben, erfüllt sie mit Panik. Sie haben das Gefühl, daß ein Teil von ihnen stirbt und dagegen wehren sie sich mit aller Kraft.

Diese Möglichkeit des Verlustes mit ihren unangenehmen Folgen, läßt einige die Eifersucht pflegen, obwohl in der derzeitigen Phase ihrer Partnerschaft gar kein Grund dazu besteht. Sie finden viele Gründe, um mißtrauisch zu sein. Am Ende führt das genau zu dem, was vermieden werden sollte. Dieses Verhalten läßt früher oder später jede Beziehung scheitern.

Außer der Angst, den anderen zu verlieren, gibt es noch eine weit verbreitete Ursache, die hinter dem Symptom der Eifersucht steht. Viele interpretieren ein mögliches oder tatsächliches Verlassenwerden als ein Versagen. Für diese Menschen bedeutet es soviel wie „Ich bin nicht gut genug". Dieses Gefühl der Minderwertigkeit versuchen sie natürlich zu verhindern. Am besten dadurch, daß der andere sie nicht verläßt, weil das ja bedeutet, daß sie gut genug sind.

Was ist zu tun?

Eifersucht ist ein Gefühl und an sich weder gut noch schlecht. Je nach dem, wie man mit diesem Gefühl umgeht, zeigen sich auch die entsprechenden Wirkungen auf unsere Beziehung und auf unser Wohlbefinden.

Erkenne ich, daß die Ursache in mir liegt, daß es meine Verlustangst, meine Abhängigkeit und mein Minderwertigkeitsgefühl ist, dann wird die Partnerschaft nicht darunter leiden. Im Gegenteil, dadurch daß der Partner nur als Auslöser in das Geschehen mit einbezogen wird und keine Schuld zugewiesen bekommt, kann er unterstützend in dieser Phase mithelfen. Durch die Bereitschaft, die Ursache in sich selbst zu sehen, kann Veränderung geschehen. Körperliche Symptome sind nicht nötig, um den Menschen darauf hinzuweisen, sich zu verändern und daß die Lösung in ihm liegt.

Wollen wir das aber nicht erkennen, dann wird uns der Körper früher oder später deutlich zeigen, wo eine Veränderung nötig ist. Je nach unserer Reaktion zeigen sich die entsprechenden Symptome.

Wenn Sie also die Eifersucht in Ihrem Leben gut kennen, dann gehen Sie zu Ihrem Partner und sprechen Sie ganz offen mit ihm darüber. Es ist völlig in Ordnung, Verlustangst oder Minderwertigkeitsgefühle zu haben. Erkennen Sie nur, daß es Ihre Gefühle sind und daß es Ihre Überzeugungen und Bewertungen sind, die diese Gefühle hervorrufen. Dann sehen Sie Ihren Partner als Auslöser, aber nicht als Schuldigen. Später werden Sie ihm dankbar sein, weil er Ihnen helfen konnte, Ihre selbstbehindernden Einstellungen aufzulösen.

Eines sollten Sie nie vergessen: Wenn ein Mensch wirklich zu Ihnen gehört, dann können Sie ihn gar nicht verlieren und wenn er nicht, oder nicht mehr zu Ihnen gehört, dann können Sie ihn auch nicht halten. Sie sollten es auch gar nicht versuchen, nicht nur, weil es Ihnen viel Kraft raubt und letztendlich die Trennung doch nicht verhindert, sondern weil Sie sich selbst damit behindern.

Mein Partner engt mich ein mit seiner Eifersucht

Manche Menschen leiden indirekt unter dem Problem der Eifersucht, da es ihr Partner oder andere Menschen sind, durch deren Eifersucht sie sich eingeengt fühlen.

Was steht dahinter?

Wie immer, wenn wir uns an jemandem oder seinen Eigenschaften stören, will uns das nur sagen, daß etwas mit uns nicht stimmt. Der andere ist nur der Auslöser für mein Problem aber niemals die Ursache. Die Ursache bin immer ich selbst. So will uns der andere nur etwas zeigen, was wir bei uns selbst noch nicht entwickelt oder angenommen haben.

Das kann verdrängte Eifersucht, Minderwertigkeitsgefühl oder Verlustangst sein, die ich selbst nicht sehen will. Aus diesen Gründen lassen sich viele, meistens unbewußt, erst gar nicht richtig auf eine Beziehung ein.

Die Kontrolle, die der andere ausübt, kann ebenfalls ein Spiegel der eigenen Kontrolle sein. Man kontrolliert sein Verhalten, um unerwünschte Situationen zu vermeiden, wie es der Eifersüchtige eben auch tut.

Was ist zu tun?

Haben Sie es also mit einem eifersüchtigen Menschen zu tun, dann sollten Sie sich folgende Fragen stellen:

- Wo enge ich mich selbst ein?
- Wo erlaube ich mir etwas nicht?
- Bin ich selbst eifersüchtig, habe ich Verlustängste oder vielleicht das Gefühl, nicht gut genug für meinen Partner zu sein?
- Lasse ich mich ganz ein oder habe ich mir immer noch ein Türchen offen gehalten, was der andere natürlich, bewußt oder unbewußt, spürt?

Wenn Sie erkennen, daß Sie selbst die Ursache für die Sie einengende Eifersucht sind, dann brauchen Sie den Eifersüchtigen nicht mehr, der Sie auf Ihren eigenen Mangel hinweisen will. Schauen Sie in sich selbst hinein, dann werden Sie den Zusammenhang erkennen, und die Situation kann sich verändern.

Treue

Treue ist in unserer Gesellschaft ein besonders umstrittenes und heißes Thema. Bis noch vor wenigen Jahren galt die partnerschaftliche Untreue, also das Fremdgehen, fast uneingeschränkt als Untugend und Sünde. Heute verändert sich diese einseitige Betrachtung, und viele Menschen denken schon ganz anders über dieses heikle Thema und gehen auch anders damit um.

Die Treue wird immer noch als Maßstab für die Liebe herangezogen. Solange der Partner nur an Fremdgehen denkt, ist alles noch in Ordnung. Nur wenn er es in die Tat umsetzt, dann hat er bewiesen, daß mit seiner Liebe etwas nicht stimmen kann. Nur wenige können von sich behaupten, in Gedanken nicht ab und zu mal fremdzugehen. Viele trauen sich nicht, darüber zu sprechen, zumindestens nicht mit dem Partner, obwohl es fast allen Menschen so geht.

Mein Partner geht fremd

Eine Situation, die für viele Menschen sehr schmerzlich ist. Sie fühlen sich betrogen. Die Partnerschaft erscheint ihnen schlagartig in einem anderen Licht, das Vertrauen ist weg und alles, was der andere sagt und tut, wird nun skeptisch hinterfragt. Manche ziehen sich zurück, wollen von dem „Betrüger" nichts mehr wissen, während andere wütend und aggressiv ihren Partner für ihr Leid verantwortlich machen.

Was steht dahinter?

In einer solchen Situation wird die Angst, verlassen zu werden, besonders groß. Auch wenn eine Beziehung nicht besonders gut läuft, bedeutet die Treue für viele so viel wie „Ich möchte mit Dir sein". Erst die Untreue läßt die vielleicht verdrängte Angst vor einer Trennung nun deutlich spürbar werden. Angst, alleine nicht klarzukommen, Existenzängste und Zukunftssorgen werden dadurch an die Oberfläche geholt.

Hinter der großen Enttäuschung steht bei vielen auch der Verlust des Vertrauens. Vertrauen ist die Basis einer wirklichen Partnerschaft, in der man so sein kann, wie man wirklich ist.

Was ist zu tun?

Erkennen Sie, daß Ihr Partner durch sein Fremdgehen etwas in Ihnen ausgelöst hat, was auch schon vorher in Ihnen war. Durch dieses Geschehen ist es an die Oberfläche gekommen. Sie haben sich das selbst geschaffen, um wieder einen Schritt weiter zu gehen. Ihr Partner ist nicht schuld an Ihrem Zustand. Wenn Sie das akzeptieren und sich selbst als Urheber anerkennen, dann werden Sie sehen, was Ihr Leid wirklich hervorgerufen hat, und Sie können die Situation verändern. Dann erkennen Sie, daß es Ihre Überzeugungen und Bewertungen sind, die Sie manches als gut und anderes als leidvoll erleben lassen.

Ich halte nichts von Treue, aber mein Partner duldet es nicht

Bezüglich der Treue gibt es in Beziehungen häufig unterschiedliche Vorstellungen. Nicht selten gehen Beziehungen deshalb auseinander, weil das Thema gerne ausgeschwiegen wird. Ist „es" dann passiert, dann ist die Katastrophe da. Manche Partner reden über ihre Bedürfnisse, finden aber trotzdem keine für beide zufriedenstellende Lösung.

Was steht dahinter?

Wenn Ihr Partner es nicht duldet, daß Sie Ihre Sexualität auch mit anderen Menschen leben wollen, dann sollten Sie sich fragen, wie weit Sie es sich selbst denn erlauben. Der andere ist uns immer ein Spiegel und will uns etwas zeigen, was in uns, aber noch nicht entdeckt ist. Haben Sie selbst ein schlechtes

Gewissen bei dem Gedanken der Untreue? Vielleicht haben Sie auch Angst vor der Ablehnung Ihres Partners, der Ihnen dieses ja schon anzeigt, durch sein Nichtakzeptieren.

Was ist zu tun?

Zunächst einmal ist es wichtig, daß Sie ganz zu Ihren Bedürfnissen stehen. Sie sind da, und es ist vollkommen in Ordnung so. Fragen Sie sich dann einmal, warum Sie auch außerhalb Ihrer Partnerschaft noch Sex wollen. Vielleicht bekommen Sie zu wenig, oder Sie suchen nach Bestätigung. Vielleicht ist es mit Ihrem Partner zu langweilig, oder Sie wollen sich gar nicht richtig auf ihn einlassen. Was es auch immer ist, es ist nichts Schlechtes daran und nur menschlich. Sprechen Sie mit Ihrem Partner offen darüber, teilen Sie sich gegenseitig Ihre Gedanken mit. Nur so können Sie einen gemeinsamen Nenner finden. Möglicherweise müssen Sie sich zwischen Ihrer Partnerschaft und Ihrem Bedürfnis nach Freiheit entscheiden.

Kommunikation

Viele Probleme beruhen nur auf einem Mangel an Kommunikation. Nicht nur, daß zu wenig ausgetauscht wird, nein, viele wissen gar nicht, wie man wirklich miteinander kommuniziert. Mißverständnisse und Vorstellungen, wie ein Beziehungsaustausch sein soll, runden das Bild ab. Kein Wunder, daß ein großer Teil aller Beziehungsprobleme in diesem Bereich zu finden sind.

Kommunikation findet nicht nur mit Worten statt, sondern gerade die nonverbale Kommunikation nimmt einen sehr großen Raum ein und wird ebenso häufig falsch oder gar nicht verstanden.

Wir reden aneinander vorbei

Stundenlang haben sie schon miteinander geredet, und das nicht nur einmal, aber noch immer stehen sie an der gleichen Stelle und haben scheinbar nichts erreicht. Tatsächlich reden viele wirklich aneinander vorbei. Die Weisheit der Sprache bringt es treffend zum Ausdruck. Das, was sie sagen, kommt beim anderen nicht an, geht sozusagen an ihm vorbei.

Was steht dahinter?

Ihr Gegenüber ist nicht auf die entsprechende Wellenlänge eingestellt, und so kann er die Botschaft nicht empfangen. Manchmal liegt es daran, daß die entsprechende Wellenlänge nicht vorhanden ist und derjenige die Botschaft wirklich nicht verstehen kann. Meistens liegt es aber daran, daß der Empfänger gar nicht auf Empfang eingestellt ist. Er ist nur auf Senden eingestellt. Mit anderen Worten, er ist gar nicht an dem, was der andere ihm mitteilen will, interessiert. Er hört überhaupt nicht zu und versucht nur, den anderen von seiner Meinung zu überzeugen. Er will etwas erreichen, ist aber an einem wirklichen Austausch nicht interessiert. Rechthaberei und Überzeugen-Wollen sind Ausdruck von Selbstzweifel und Minderwertigkeitsgefühlen. Nur wer selbst nicht überzeugt ist, will andere überzeugen, will, daß der andere das gleiche tut und denkt, um sich dadurch bestätigt zu fühlen.

Was ist zu tun?

Widerfährt Ihnen dieses häufiger, sollten Sie darauf achten, ob Sie in einer Unterhaltung oder Diskussion dem anderen wirklich zuhören oder ob Sie in erster Linie versuchen, ihn zu überzeugen. Wenn Sie sich dabei ertappen, dann machen Sie sich bewußt, daß Sie gerade dabei sind, Ihre eigene Unsicherheit zu überdecken. Wenn Sie das erkennen und akzeptieren, dann brauchen Sie nicht mehr zu überzeugen. Es gibt keinen Grund mehr dafür, denn Sie haben Ihre Unsicherheit angeschaut, und es gibt nichts mehr zu überdecken. (Siehe auch Seite 101, Die wichtigsten Regeln für ein erfolgreiches Gespräch.)

Ich will immer recht haben

(Siehe auch Seite 96 „Wir reden aneinander vorbei".)

Ich verstehe meinen Partner nicht

Manche bemühen sich wirklich, ihren Partner zu verstehen. Das betrifft nicht nur seine Worte und Erklärungen, sondern auch sein Verhalten. Aber so sehr sie sich auch bemühen, sie können es nicht begreifen und sind manchmal sehr traurig darüber.

Was steht dahinter?

Einen Menschen zu verstehen, mit dem Verstand zu erfassen, warum er sich so und so verhält oder denkt, ist nur bis zu einem gewissen Grad möglich. Wir müßten selbst alle Erfahrungen dieses Menschen gemacht haben und dann auch noch sein Unbewußtes kennen, also das, was er selbst nicht kennt. Es geht auch gar nicht darum, den Menschen mit dem Verstand zu erfassen, sondern darum, ihn mit dem Herzen zu erfassen. Nur wenn ich das nicht will, wenn ich den anderen nicht fühlen will, dann versuche ich, ihn rational zu erfassen. Aber der Verstand ist beschränkt, und darum ist auch seine Wahrnehmungsmöglichkeit beschränkt.

Was ist zu tun?

Versuchen Sie nicht, Ihren Partner oder sonst irgend jemanden mit dem Kopf zu verstehen. Nehmen Sie ihn mit dem Herzen wahr, dann werden Sie ihn auch verstehen. Das ist ein anderes Verstehen, aber ein viel weiteres. Die Erfahrung wird es Ihnen zeigen. Versuchen Sie einmal, alle Ihre Meinungen, die Sie über einen Menschen haben, beiseite zu legen. Dann machen Sie sich bewußt, daß dieser Mensch genau wie Sie versucht, glücklich zu sein, daß er genau wie Sie geliebt werden will, daß er genau wie Sie Ängste kennt und manchmal traurig ist. Dann betrachten Sie ihn noch einmal und fühlen Sie, wie er sich jetzt fühlt. So bekommen Sie ein Gefühl dafür, was wirkliches Verstehen bedeutet.

Ich komme mit den Gefühlsausbrüchen nicht klar

(Siehe Seite 97 „Ich verstehe meinen Partner nicht".)

Ich sage nicht, was ich denke

Teilweise wird es sogar Diplomatie genannt, und viele Menschen sind zu einem solchen Verhalten erzogen worden. Es fängt schon mit der Schule an, zeigt sich in allen Bereichen unserer Gesellschaft und macht auch vor der Partnerschaft keinen Halt. „Ich will den anderen nicht verletzen", „Was nützt es ihm, wenn er es weiß?" oder „Das darf er nicht wissen, das schadet ihm" sind gängige Rechtfertigungen für dieses Verhalten, das man dann gerne als Notlüge bezeichnet, anstatt es einfach aber treffend als Unehrlichkeit zu bezeichnen.

Was steht dahinter?

Es muß nicht eine böswillige Absicht dahinter stecken, vielmehr sind es in der Regel Versuche, Konflikten auszuweichen. Je nachdem wie das Gesagte aufgenommen wird, könnte es ja auf Unverständnis oder sogar Ablehnung stoßen. Im Zweifelsfall also lieber nichts sagen. Mangelndes Selbstvertrauen, Angst vor Ablehnung, Konfliktscheu sind die Antriebe, sich immer an die Normen zu halten und im Zweifelsfalle das zu sagen, was erwartet oder gewünscht wird. „Darf ich denn sagen, was ich denke?" ist eine Frage, die viele Menschen noch nicht mit „Ja" beantworten.

Was ist zu tun?

Zuerst einmal sollten Sie erkennen, daß es grundsätzlich vollkommen in Ordnung ist, *alles* zu sagen, was Sie denken. Das „Wie" ist dabei eine andere Frage. Es gibt auch Situationen, in denen man das Gefühl hat, daß es gerade nicht paßt. Aber das basiert dann nicht auf Angst, sondern auf Liebe. Dieses Argument benutzen einige, um weiterhin unehrlich sein zu können und ihre Angst zu verbergen. Machen Sie nicht den gleichen Fehler. Sie betrügen nur sich selbst. Erkennen Sie Ihre Beweggründe für Ihre Unehrlichkeit, und verurteilen Sie sich nicht dafür. Sie haben es getan, um sich zu schützen, doch ab heute brauchen Sie das nicht mehr. Befreien Sie sich von diesem Druck und seien Sie anderen ein Vorbild. Sie suchen Menschen, die es ihnen vorleben und ihnen zeigen, daß sie keine Ablehnung erfahren, wenn sie ehrlich sind. Sie werden bewundert werden für Ihre Ehrlichkeit und damit helfen Sie den anderen, es Ihnen gleich zu tun.

Ich kann meinem Partner nicht alles sagen

(Siehe Seite 110 „Ich sage nicht, was ich denke".)

Ich kann nicht streiten

Auch streiten will gelernt sein, viele können es nicht. Streit bedeutet für die meisten Menschen Disharmonie, und diese wollen sie auf jeden Fall vermeiden. Wir leben in einer konfliktscheuen Gesellschaft, wo Streiten etwas Primitives hat und Diplomatie und Kompromißbereitschaft als Tugenden gelten. So geht man jeder Auseinandersetzung aus dem Weg, lächelt, wo das Faß eigentlich schon voll ist und überläuft.

Was steht dahinter?

Grundlage eines jeden Streites sind unterschiedliche Meinungen. Wer streiten kann, der steht zu seiner Meinung, auch wenn es dem anderen nicht gefällt. Hier liegt das Problem für die meisten Menschen. Wer eine andere Meinung hat, der kann Ablehnung erfahren, und genau davor haben sie Angst. Hinter dem „Ich kann nicht streiten" steht immer „Ich will nicht streiten", weil sie Angst vor Ablehnung haben. Jeder will geliebt werden. Je mehr man von der Liebe der anderen abhängig ist, weil man sich selbst nicht liebt, um so mehr versucht man, Konflikten aus dem Weg zu gehen.

Was ist zu tun?

Erkennen Sie, daß es Ihre Angst vor Ablehnung ist, die Sie dazu veranlaßt, jedem Streit aus dem Weg zu gehen. Letztlich werden Sie für dieses Verhalten nicht geliebt, sondern eher gemieden. Sie erreichen genau das Gegenteil von dem, was Sie mit Ihrer Konflikscheu eigentlich wollten. Alle Menschen lieben den Kontakt zu Personen, die zu ihrer Meinung stehen und sagen, was sie denken, weil sie sich selbst nicht trauen. Seien Sie mutig, sagen Sie, was Sie denken, und Sie werden sehen, daß Sie sogar dort angenommen werden, wo Sie ganz sicher mit einer Abweisung gerechnet haben. Nicht „was" ich sage ist entscheidend, sondern „wie" ich es sage.

Die wichtigsten Regeln für ein erfolgreiches Gespräch

1. Schaffen Sie sich eine geeignete Atmosphäre, und sorgen Sie dafür, daß Sie ungestört bleiben.
2. Nehmen Sie sich genügend Zeit. Am besten planen Sie so, daß Sie danach erst mal nichts vorhaben, damit das Gespräch nicht vorzeitig abgebrochen werden muß.
3. Lassen Sie für diesen Zeitraum alles andere los, damit Sie ganz bei der Sache sein können.
4. Vereinbaren Sie, daß jeder in Ruhe aussprechen kann, ohne unterbrochen zu werden. Dieses sollte natürlich nicht für einseitige Monologe ausgenutzt werden. Einigen Sie sich auf ein Zeichen, wenn Sie etwas sagen wollen. Als Übung dazu reden Sie abwechselnd drei Minuten, während der andere nur zuhört.
5. Sprechen Sie nur von sich selbst, wie Sie sich fühlen, was Sie denken und glauben und nicht über den anderen. Vermeiden Sie das „Du-Spiel": „Du hast gesagt, Du würdest...", „Du kannst nicht...", „Du willst immer nur...", usw. Nicht „Du hast mich verletzt", sondern „Ich fühle mich verletzt".

6. Hören Sie genau zu, was Ihr Gegenüber Ihnen sagt, und fragen Sie nach, wenn Sie etwas nicht verstehen. Vermeiden Sie, voreilig zu sagen: „Ja, ja, ich weiß schon, was Du meinst."

7. Seien Sie sich immer bewußt, daß der andere genau wie Sie bestrebt ist glücklich zu sein, daß er genau wie Sie nicht abgelehnt werden will, daß er genau wie Sie eine friedliche Lösung sucht und genau wie Sie immer nur nach einer Erfüllung seiner Bedürfnisse sucht.

Sexualität

In Partnerschaften, und vor allem in Ehen, ist Sexualität einer der größten Konfliktbereiche. Ihre Bedeutung spiegelt sich in der Häufigkeit und Vielfalt der Probleme wider. Viele sind mit dem Sexualleben in ihrer Beziehung unzufrieden, wissen aber nicht damit umzugehen. Wie zahlreiche Untersuchungen schon bewiesen haben, spiegelt sich eine erfüllte Sexualität im Wohlbefinden und damit in der Gesundheit des Menschen wider. Sexualität beinhaltet die Urkraft des Menschen. Sie beinhaltet das Potential, Leben auf die Erde zu bringen. Viele Krankheitssymptome sind durch die Auflösung von Problemen im Bereich der Sexualität überflüssig geworden und konnten sich so auflösen.

Ich habe keine Lust mehr

Sexmüdigkeit muß nicht von Dauer sein, sondern ist vielfach nur phasenweise zu beobachten. In den wenigsten Fällen steckt ein körperliches Problem hinter der mangelnden Lust auf Sex, meistens sind es psychische Faktoren.

Was steht dahinter?

Partnerschaftskrisen oder Unzufriedenheit in der Beziehung sind meistens mit Sexmüdigkeit verbunden, die aber außerhalb der Partnerschaft wie weggeblasen erscheint. Überhaupt haben Schwierigkeiten und Sorgen des Alltages einen großen Einfluß auf das Sexualverhalten. Streß, alle Dauerbelastungen, aber auch aktuelle Störungen vermindern die Lust.

Was ist zu tun?

Keine Lust auf Sex zu haben, ist ja weiterhin kein Problem, solange einem nichts dabei fehlt. Sie sollten diese Unlust aber als Hinweis betrachten, daß es irgend etwas gibt, was Sie offensichtlich sehr beschäftigt. Das muß Ihnen nicht bewußt sein, und es kann sich einfach nur um Zeiten der Veränderung handeln, die keinen Grund zur Besorgnis geben. Hält dieses Gefühl aber länger an, dann sollten Sie nach den Ursachen forschen. Fragen Sie sich ganz ehrlich, ob Sie mit Ihrer Beziehung zufrieden sind. War oder ist der Sex mit Ihrem Partner für Sie erfüllend, oder gibt es dort unbefriedigte Wünsche? Wenn dem so ist, dann sprechen Sie mit Ihrem Partner darüber. Bei diesem Thema kann man nicht um den „heißen Brei" herumreden, Sie müssen schon deutlich werden. Trauen Sie sich, vielleicht geht es Ihrem Partner genauso, und er wartet nur darauf, daß Sie den ersten Schritt machen.

Liegt die Ursache aber nicht in der Partnerschaft, dann ist das ein ernstzunehmender Hinweis, den Energieräuber zu erkennen und Ihr Leben entsprechend zu ändern. Gehen Sie alle Bereiche Ihres Alltages durch, und vergessen Sie nicht, in sich selbst hineinzuschauen. Vielleicht tragen Sie schon seit längerem einen inneren Konflikt mit sich herum, der Sie mehr beschäftigt, als Sie es wahrhaben wollen.

Ich fühle mich überfordert

Die Bedürfnisse sind sehr unterschiedlich, so will der eine morgens Sex, während der Partner zu dieser Zeit gar nicht gut aufgelegt ist und seine Lust am Abend kommt. Aber nicht nur zeitlich, sondern vor allem über die Häufigkeit der körperlichen Liebe gibt es sehr verschiedene Ansprüche. Daher ist es nicht verwunderlich, daß es diesbezüglich immer wieder Probleme in der Partnerschaft gibt und sich so mancher von den Ansprüchen seines Partners überfordert fühlt.

Was steht dahinter?

Das Gefühl, überfordert zu sein, kommt nur dadurch zustande, daß man meint, den Ansprüchen des anderen gerecht werden zu müssen. Stellen Sie sich einen Partner vor, der, auch wenn es das wahrscheinlich nicht gibt, immer zur selben Zeit wie Sie Lust auf Sex hat. Eine Überforderung würde es dann nicht geben. Daß Sie nicht zur gleichen Zeit wie Ihr Partner Lust haben, ist ganz natürlich. Können Sie aber nicht Nein sagen, dann ist es auch kein Wunder, daß Sie sich unter Druck gesetzt fühlen, wenn Ihr Partner Sie mit seiner Lust bedrängt. Die wirkliche Ursache für Ihre Überforderung liegt demnach darin, daß Sie nicht Nein sagen können. Vielleicht glauben Sie, daß wahre Liebe ständige Lust auf Sex bedeutet, und trauen sich deshalb nicht, den Partner abzuweisen. Bei den meisten Menschen ist es aber die Angst vor Ablehnung, die Angst nicht mehr geliebt zu werden und den Partner vielleicht zu verlieren, wenn man Nein zu seinen Wünschen sagt.

Was ist zu tun?

Reden Sie mit Ihrem Partner darüber, aber machen Sie ihm keine Vorwürfe. Seine Wünsche mitzuteilen ist eine sehr wichtige Voraussetzung für eine funktionierende Beziehung. Nehmen Sie sich ein Beispiel an ihm und teilen Sie Ihre Bedürfnisse ebenfalls mit - auch wenn das ein Nein für den anderen bedeutet. Manchmal bedeutet ein Nein ein Ja zu sich selbst. Sex ist nur dann erfüllend, wenn beide mit Leib und Seele ganz dabei sind. Also machen Sie diesbezüglich keinen Kompromiß. Wenn Ihr Partner dann zu kurz kommt, so ist das in erster Linie sein Problem und er muß schauen, wie er damit umgeht. Es ist aber keine Lösung, sich selbst untreu zu werden, nur um dem anderen gerecht zu werden. Aber selbst das ist ja gar nicht möglich, da Sie nicht mit Leib und Seele dabei sind und somit Ihren Partner eigentlich betrügen.

Ich will mehr

So wie es auf der einen Seite Menschen gibt, die sich überfordert fühlen, gibt es auf der anderen Seite Menschen, die mehr Sex wollen als ihren Partnern recht ist. Diese Unzufriedenheit ist für einige ein wirklich sehr ernstes Problem, da sie keine Lösung erkennen können. Ihren Partner wollen sie weder bedrängen noch ihn deshalb verlassen. Und die Erfüllung wollen sie sich auch nicht woanders holen, da sie ihre sexuellen Wünsche mit ihrem Partner ausleben wollen.

Was steht dahinter?

Was ist es, was Sie wirklich mehr wollen? Ist es wirklich die Freude am Sex, die Sie nach mehr verlangen läßt? Oder fehlt Ihnen vielleicht etwas, was Sie mit dem Sex kompensieren? Haben Sie einen Partner, der Ihnen sexuell zu wenig gibt, dann sind Sie immer aufgefordert, den Mangel, der dahinter steht, zu erkennen. Auch hier zeigt das Außen deutlich, was im Innern ist. Die mangelnde Bereitschaft des Partners zeigt Ihnen nur den Mangel Ihrer Bereitschaft, das eigentliche Defizit anzuschauen. Ihre Unzufriedenheit ist ein Zeichen für einen Mangel in Ihnen, den Sie auf sexueller Ebene ausgleichen wollen.

Was ist zu tun?

Ziel ist, den Mangel in Ihnen zu erkennen, der sich in sexueller Unzufriedenheit äußert. Eine einfache Methode ist es, sich mit dem sexuellen Mangel zu konfrontieren, genau wie das Leben es Ihnen anbietet. Sich also nicht mehr dagegen zu wehren, sondern diesen zu akzeptieren und anzunehmen. Dadurch wird der innere Mangel, der nun nicht mehr kompensiert wird, stärker und kann Ihnen so bewußt werden. Halten Sie es aus, es will nur gefühlt werden. Dann löst es sich von alleine auf. Erinnern Sie sich an den Kreislauf des Lebens: Sie suchen sich etwas aus, bewußt oder unbewußt, um es dann zu erleben und zu fühlen. Haben Sie es erlebt, hat es seinen Zweck erfüllt und kann sich auflösen. Also lassen Sie Ihren Widerstand los und erleben Sie bereitwillig, damit es sich wirklich auflöst.

Unser Sex ist langweilig

Zu Beginn einer Partnerschaft scheint es dieses Problem nicht zu geben. Die Begeisterung füreinander und das Neue sind alles andere als langweilig. Aber das Neue wird bald zum Gewohnten. Im Bett läuft immer das gleiche ab, während der Wunsch nach Lebendigkeit nach wie vor vorhanden ist. Manche glauben, das müsse so sein und finden sich damit ab. Andere wechseln den Partner, überzeugt, daß es nicht der richtige war.

Was steht dahinter?

Eine Beziehung ist ein stetiges Wachsen, Sich-Verändern und Aufeinander-Zugehen. Das gilt auch für die Sexualität. Genau wie die Phase des Verliebtseins irgendwann vorbei ist, so verändert sich auch die Qualität der Sexualität. Verändern wir uns nicht mit, wird früher oder später alles zur Gewohnheit und damit langweilig. Angst vor Ablehnung und Konfrontation halten viele zurück, ihre Wünsche dem Partner ehrlich mitzuteilen. Ein möglicher Streit oder eine Meinungsverschiedenheit könnte die Beziehung gefährden. Das Risiko wollen sie nicht eingehen. Lieber auf Nummer sicher gehen und einige Kompromisse machen, als die Möglichkeit eines unabsehbaren Konfliktes zu riskieren. So leben vielleicht zwei zusammen, die die gleichen Wünsche haben, sich aber beide nicht trauen, darüber zu reden. Schade, sie könnten beide glücklich sein. Obwohl die sexuelle Aufklärung und Offenheit in der Gesellschaft stark zugenommen hat, gibt es noch immer viele, die glauben, daß ihre Wünsche vielleicht nicht normal seien und sie keine Ansprüche stellen dürfen. Auch dahinter steht nur die Angst vor Ablehnung.

Was ist zu tun?

Wenn wir eine erfüllte Partnerschaft haben wollen, dann sind wir aufgefordert, uns ganz einzulassen, uns mit ihr zu verändern, Schwierigkeiten anzuschauen und zu unseren Wünschen zu stehen. Tun wir das nicht, kann sich nicht viel verändern. Die Beziehung und damit auch der Sex wird langweilig. Sprechen Sie mit Ihrem Partner über Ihre unerfüllten Wünsche - auch wenn es dabei zu einem Konflikt kommen sollte. Sie werden nie die Sicherheit bekommen, daß Ihre Partnerschaft ewig hält. Im Gegenteil, Sie wissen jetzt schon, daß Sie irgendwann wieder auseinandergehen. Die einzige Sicherheit im Leben ist die Unsicherheit. Stehen Sie zu Ihren Wünschen, sie sind vollkommen in Ordnung, und leben Sie eine erfüllte Beziehung.

Mein Partner will nur Sex

„Das einzige, was mein Partner von mir will, ist mein Körper", so oder ähnlich äußert sich die Unzufriedenheit bei den Betroffenen. Sie haben ganz andere Vorstellungen von der Beziehung und vor allem viele unbefriedigte Bedürfnisse.

Was steht dahinter?

Sie haben sich Ihren Partner ausgesucht, um mit ihm etwas zu lernen. Er will Ihnen nur etwas zeigen, das Sie auch in sich tragen, aber nicht sehen wollen. Sie beklagen sich darüber, daß Ihr Partner nur etwas von Ihnen will, aber gar nicht auf Sie eingeht und nach Ihren Wünschen fragt. Er spiegelt Ihnen nur Ihre eigene Einstellung wider. Es sind Ihre Ansprüche, die Sie nicht wahrhaben wollen und gegen die Sie Widerstände haben. Sie möchten, daß Ihr Partner auf Sie eingeht, Sie haben bestimmte Vorstellungen, wie er sein soll bzw. wie er nicht sein soll.

Was ist zu tun?

Wirkliche Liebe will nichts vom anderen, sondern nimmt ihn so wie er ist. Das heißt nicht, daß Sie alles tun sollen, was von Ihnen erwartet wird. Wenn es Ihnen nicht entspricht, dann sagen Sie Nein. Aber erwarten Sie nicht von Ihrem Partner, daß er sich ändert. Wenn Sie Ihre eigenen Ansprüche und Erwartungen erkennen und annehmen, ohne sie zu bewerten, dann können Sie diese loslassen. In dem gleichen Maße, wie dies geschieht, wird auch Ihr Partner sich verändern. Die Ursache liegt in Ihnen, und Sie können es verändern.

Geld

Die Stellung, die Geld in unserer Welt hat, macht sich auch in der Partnerschaft, und vor allem in der Ehe bemerkbar. Während Paare, die nicht zusammenleben, meistens getrennte Kasse machen und somit selten Geldschwierigkeiten haben, leben häusliche Gemeinschaften häufig aus einem Topf, wobei erhebliche Schwierigkeiten auftauchen können. Am problematischsten ist es in Familien mit Kindern, wo nur einer das Geld hereinbringt, während der andere sich um Kinder, Haus und anderes kümmert. Im Falle der Trennung macht sich die Bedeutung des Geldes nicht selten schmerzhaft bemerkbar. Grundlegende menschliche Probleme, wie das Selbstwertgefühl, sind vielfach mit Geld verbunden.

Ich will keine gemeinsame Kasse

Manche Paare gehen sehr unkompliziert mit ihrem Geld um. Wer gerade Geld dabei hat, der bezahlt; wenn jemand keins mehr hat, dann übernimmt der andere in der Zeit die anfallenden Kosten o.ä. Andere wiederum rechnen jeden Pfennig auseinander, bezahlen das Essen getrennt und haben die Miete nach Quadratmetern aufgeteilt.
Was steht dahinter?

Die einen, die sich gegen eine gemeinsame Kasse wehren, haben Angst, daß sie ausgenutzt werden oder schlechter dabei weg kommen. Sie haben Angst, daß sie mehr geben als sie bekommen. Manche wollen auf diesem Weg möglichen Konflikten aus dem Weg gehen. Gemeinsame Kasse heißt, daß man sich hier und da einigen muß und auch aufgefordert wird, mal ein deutliches Nein zu sagen, ansonsten würde man sich schnell unzufrieden fühlen. Diesen Auseinandersetzungen kann man mit einer getrennten Kasse gut aus dem Weg gehen. Keine gemeinsame Kasse machen wollen bedeutet vor allem, sich noch nicht richtig auf den anderen einzulassen. Man hat sich entweder noch nicht klar für diesen Menschen entschieden oder ist noch nicht bereit, alles mit ihm zu teilen. Das gilt für die Stärken ebenso, wie für die Schwächen, für viel Geld und für Geldmangel. Das Geld steht in diesem Zusammenhang nur als Symbol für das weite Feld von Geben und Nehmen.

Was ist zu tun?

Wenn Ihr Partner gemeinsame Kasse mit Ihnen machen möchte und Sie noch nicht bereit dazu sind, dann erkennen Sie die Gründe, die dahinter stehen, und sprechen Sie mit Ihrem Partner ganz ehrlich darüber. Es gibt keinen Grund, der nicht menschlich wäre, und keinen, über den man sich schämen müßte. Vertrauen Sie sich Ihrem Partner an. Wenn Sie Angst haben, daß Sie ausgenutzt werden, dann machen Sie sich bewußt, daß alle Energie, die Sie ausströmen, wieder zu Ihnen zurückkommt. Geben und Nehmen gleicht sich immer wieder aus, vielleicht ganz anders als Sie es sich vorstellen können und mit zeitlichem Abstand. Sollte bei Ihnen die Angst vor Konflikten dominieren oder sollten Sie erkannt haben, daß Sie sich nicht einlassen wollen, dann treffen Sie eine Entscheidung, wie Sie in Zukunft damit umgehen wollen. Haben Sie den Mut zur Veränderung, nur so können Sie glücklich werden. Sie können keinem Konflikt ausweichen, Sie tragen den Konflikt in sich, und solange er nicht gelöst wird, wird er Ihnen immer wieder im Außen begegnen. Das Außen ist immer nur ein Spiegel des Innen.

Ich will einen reichen Partner

Wer möchte das nicht? Aber gerade diejenigen, die es sich am meisten wünschen, suchen sich immer wieder Partner aus, die nur wenig Geld haben. Der Wunsch nach einem reichen Partner ist nur allzu verständlich, würde sich doch ein großer Problembereich des Lebens schlagartig auflösen, sofern der Partner großzügig ist, wovon man bei seinem Wunsch ja ausgeht. Es ist wie der lang ersehnte Lotto-Gewinn, einfach und befreiend.

Was steht dahinter?

In Wahrheit will man sich mit dem Problem, das dahinter steht, nicht auseinandersetzen und erkennt es vielleicht gar nicht. Der Mangel, der den Wunsch nach dem Lotto-Gewinn hervorbringt, ist ein Mangel unseres Selbstwertgefühls. Dieser Mangel zeigt sich im Außen z.B. in Form von wenig Geld. Das wollen wir i.d.R. nicht und versuchen, es zu ändern. Reicht das Selbstvertrauen nicht, um es selbst zu ändern, versucht man, eine Lösung im Außen zu finden: Den Lotto-Gewinn oder den reichen Partner. Ein Mangel, wie immer er sich in unserem Leben gestaltet, weist uns immer nur auf einen Mangel in uns hin.

Was ist zu tun?

Das Ziel ist die Erkenntnis, daß Sie alles Potential in sich tragen, um unabhängig von anderen Ihre Ziele zu verwirklichen. Die Hindernisse, die Sie das nicht erkennen lassen und damit jeden Erfolg beeinträchtigen, liegen in Ihren Überzeugungen. Wenn Sie z.B. nicht glauben, daß Sie etwas erreichen können, dann werden Sie es auch entsprechend erfahren. In dem Moment, wo Sie sich auf Ihr Ziel ausrichten, werden alle diese behindernden Überzeugungen an die Oberfläche kommen und können dann verändert werden. Warum sollten Sie nicht erreichen können, was schon viele andere erreicht haben. Trauen Sie sich, Ihren wirklichen Wünschen nachzugehen! Sie tragen alles in sich, um diese zu verwirklichen.

Ich kann nichts annehmen

Da gibt es so viele Menschen, die nicht in der Fülle leben, und wenn dann jemand kommt, der ihnen von seiner Fülle geben will, dann können Sie es nicht annehmen. Auffällig dabei ist, daß es fast im Mangel lebende Menschen sind, die nichts annehmen können.

Was steht dahinter?

Die Überzeugung, daß sie es nicht wert sind, daß sie nicht gut genug sind und es nicht verdient haben, ist die Ursache dafür, daß viele Menschen diesen Selbstwertmangel auch im Außen erleben. Die Lebensumstände spiegeln ihnen diese innere Haltung wider. Diese Haltung sorgt natürlich auch dafür, daß sie nicht annehmen können, wenn jemand ihnen etwas schenken will, denn sie haben es ja nicht verdient. Dieser Jemand steht symbolisch für das Leben. Das Leben will uns auch die Fülle schenken, aber viele können es leider nicht annehmen. Die meisten glauben, daß sie, wenn überhaupt, die Erfüllung ihrer Wünsche nur dann verdient haben, wenn sie sich dafür richtig abgerackert haben und am besten auch noch leiden mußten. Sie erleben es entsprechend, es ist ihre freie Entscheidung.

Was ist zu tun?

Erkennen Sie, daß es nur Ihre Überzeugungen sind, die Sie daran hindern, in der Fülle zu leben. Wehren Sie sich nicht dagegen, sondern lassen Sie diese einfach los und richten Sie Ihre Aufmerksamkeit auf die Wünsche Ihres Herzens, in dem Wissen, daß Sie alles erreichen können. Nehmen und Geben stehen immer im Gleichgewicht. Annehmen zu können, ist die Voraussetzung, um auch geben zu können. Freuen Sie sich, wenn Sie etwas angeboten bekommen, und nehmen Sie es dankbar an. Sie machen dem aufrichtigen Geber ein Freude. Dem nicht aufrichtigen Geber, der darauf spekuliert hat, daß Sie ja doch nichts annehmen, verhelfen Sie dazu, aufrichtig zu

werden. Nehmen Sie an, was Ihnen gegeben wird, es ist zum
Vorteil aller.

Ich will nicht abhängig sein

Möchten Sie in einer Partnerschaft Kinder haben, dann können
nicht beide den ganzen Tag arbeiten gehen. In der Regel gibt
die Frau einen Teil ihrer Arbeit auf, um Zeit für die Familie zu
haben. Bezüglich der finanziellen Versorgung fühlt sie sich abhängig von ihrem Partner. Ähnlich geht es Paaren, bei denen
einer in das Geschäft des anderen miteinsteigt. Die Angst vor
einer Trennung wird nicht selten allein durch die finanzielle Abhängigkeit zu einer ständigen Belastung. Wen wundert es, daß
so mancher, solche Situationen zu vermeiden versucht.

Was steht dahinter?

Wo mangelndes Vertrauen ist, da überwiegt der Versuch, das
Leben zu kontrollieren. Je größer die Angst ist, daß einem etwas passieren kann, desto mehr Einfluß hat das Sicherheitsdenken. Man versucht, die Lebensumstände so zu gestalten, daß
man jederzeit den Überblick hat und möglichst nichts Unvor-
hersehbares passieren kann. Dieses mangelnde Urvertrauen läßt
viele grübeln und nach Lösungen suchen, anstatt ihrem Herzen
zu folgen und das zu tun, was sie im Moment am meisten anzieht. Sicherheit gibt es nicht, und Probleme vermeiden zu
wollen, funktioniert erst recht nicht. Im Gegenteil, alles was Sie
zu vermeiden versuchen, das ziehen Sie an. Und je mehr Sie
sich dagegen wehren, umso schneller und intensiver werden
Sie genau damit konfrontiert.

Was ist zu tun?

In Wirklichkeit sind Sie niemals abhängig. Sie haben sich diese
Erfahrung selbst ausgesucht, um sie zu erleben, so wie Sie sich
ein Spiel aussuchen, um es zu spielen. Vielleicht vergessen Sie

während des Spiels, daß Sie es sich selbst ausgesucht haben. Bei einem Spiel kann Ihnen in Wirklichkeit genauso wenig passieren wie im Leben. Sie können auch nichts falsch machen, denn jedes Spiel ist gleich gut. Es gibt kein Richtig oder Falsch. Wenn Sie in einer Situation sind, in der Sie nicht wissen, wie Sie sich entscheiden sollen, dann fragen Sie sich einmal, was Ihnen im schlimmsten Fall wirklich passieren kann. In der Regel erkennt man dann, daß es gar nicht so wild ist. Nicht selten ist es die Angst, eine falsche Entscheidung zu treffen. Erinnern Sie sich: Es gibt keine falsche Entscheidung. Also folgen Sie den Wünschen Ihres Herzens und vertrauen Sie dem Leben.

Mein Partner liebt nur mein Geld

Wohlhabende Menschen machen immer wieder die Erfahrung, daß ihre Partner häufig nur ihr Geld wollen. Sie werden sehr skeptisch und untersuchen jeden potentiellen Partner diesbezüglich sehr gründlich. So manch einer hat seinen Reichtum schon verflucht auf der Suche nach einem Menschen, der ihn wirklich liebt.

Was steht dahinter?

Nichts im Leben geschieht zufällig und alles, was uns im Außen begegnet, ist ein Spiegel unseres Seins. Alles ist ein Teil von uns. Diese Menschen, die scheinbar nur Ihr Geld wollen, zeigen Ihnen, was Sie an sich selbst nicht erkennen und annehmen wollen. Wenn Sie sich lieben, dann werden Sie auch von den Mitmenschen geliebt. Wenn Sie also Menschen begegnen, die nur Ihr Geld lieben, dann sollten Sie sich fragen, ob Sie Ihr Geld mehr lieben als sich selbst. Diejenigen, die viel Geld haben, aber sich selbst wirklich lieben, die machen eine andere Erfahrung. Sie haben auch keine Angst um ihr Geld, was nicht heißt, daß sie sich ausnutzen lassen.

Was ist zu tun?

Schauen Sie einmal ganz ehrlich hin, welche Beziehung Sie zu Ihrem Geld haben. Wie wichtig ist es Ihnen? Würden Sie sich lieben, wenn Sie kein Geld hätten? Was lieben Sie an sich? Schreiben sie mal auf einen Zettel, was Sie alles an sich gut finden und lieben. Daran können Sie direkt ablesen, was die Menschen auch an Ihnen lieben. Erschrecken Sie nicht, wenn es sehr wenig ist, was da auf Ihrem Zettel steht. Es ergeht den meisten Menschen so, was nicht heißen soll, daß es deshalb nicht veränderungsbedürftig ist. Stehen Sie zu Ihren scheinbaren Schwächen und lieben Sie diese. Das ist es, was manche so liebenswert macht. Das ist es, was alle anzieht, denn danach sehnt sich ein jeder. Dann werden die Menschen Sie so lieben, wie Sie sind, inklusive Ihrem Geld, denn das gehört auch zu Ihnen.

Macht

Solange es in einer Beziehung irgendeine Form von Abhängigkeit gibt, wird es auch immer Machtspiele geben. Machtspiele an sich sind überhaupt nicht schlimm, sie zeigen nur, daß die Beziehung noch nicht auf vollkommener Unabhängigkeit und Liebe beruht. Aber genau dazu verhelfen uns ja alle Schwierigkeiten in einer Partnerschaft, diesem Ziel Schritt für Schritt näher zu kommen. Machtspiele äußern sich auf allen Ebenen und werden in der Regel unbewußt gespielt, um Wünsche und Bedürfnisse zu befriedigen. Jede Bedingung und Forderung an den Partner, jeder Wunsch, ihn zu verändern, ist streng genommen schon ein Machtspiel. Wenn Sie sich bewußt machen, daß jedes Gefühl und jeder Gedanke an sich schon ein Ausdruck unserer enormen Macht ist, denn sie erschaffen Realität, dann wird deutlich, daß auch jeder Gedanke und jedes Gefühl zu einem Menschen Einfluß auf diesen nimmt. So können wir unsere Macht auch zum Vorteil eines Menschen einsetzen, indem wir ihn lieben, so wie er ist.

Das höchste Gebot im Universum ist die Freiheit jedes einzelnen, die unantastbar ist. Darum heißt es: „Bittet und es wird Euch gegeben". Man könnte sich ja auch fragen, warum das Leben, die geistige Welt, der liebe Gott, nicht einfach so den Menschen gibt, was sie brauchen, um glücklich zu sein. Er weiß doch, was die Menschen brauchen, warum müssen sie erst bitten? Eben genau, weil jeder Mensch einen freien Willen hat. Nichts geschieht, ohne seine Einwilligung. Wenn er sich entschieden hat, dieses zu vergessen, aus welchen Gründen auch immer, dann ändert das nichts an der Tatsache, daß er frei ist. Darum ist es unsere Aufgabe, uns gegenseitig wieder zu erinnern und den freien Willen eines jeden an erste Stelle zu stellen. Wenn wir uns bewußt sind, daß sich jeder Mensch mit der unendlichen Macht seines freien Willens seine Lebensumstände selbst ausgesucht hat, nur um eine Erfahrung zu machen, dann hören wir auf, ihn verändern zu wollen. Dann können wir seine Schöpfung bewundern und ihn lieben, so wie er ist.

Ich habe nichts zu sagen

Es ist schon sehr angenehm für einen Menschen, einen Partner zu haben, der keine Widerworte gibt und tut, was man will. Da ist die Versuchung groß, dieses für die eigenen Vorteile auszunutzen. Das ist nicht unbedingt ein Ausdruck reiner Liebe, aber häufige Realität. Für den anderen gestaltet sich das natürlich weniger angenehm. Er fühlt sich ausgenutzt und weiß nicht, wie er damit umgehen soll. Jeder vorsichtige Versuch, etwas zu ändern, wird im Keim erstickt und hinterläßt nur Frustration und Hoffnungslosigkeit.

Was steht dahinter?

Viele Menschen lieben es, wenn ein anderer für sie die Entscheidungen trifft. So brauchen sie die Verantwortung dafür nicht zu übernehmen. In einer Partnerschaft gibt es meistens einen, der in gewissem Grad Verantwortung für den anderen übernimmt und damit die sogenannte dominante Rolle einnimmt. Wenn keiner die Bremse zieht, kommt man zu dem Punkt, daß einer nichts mehr zu sagen hat. Damit fühlen sich einige ganz wohl, weil sie nun gar keine Verantwortung mehr tragen müssen, auf der anderen Seite wird es ihnen früher oder später zu eng. Überwiegt das letztere, dann fühlen sie sich unzufrieden. Fragen Sie sich einmal, warum Sie keine Entscheidungen treffen und damit keine Verantwortung für Ihr Leben übernehmen wollen. Es ist die Angst, daß Sie etwas falsch machen könnten. Dann müßten Sie sich auch noch an die eigene Nase fassen, wenn etwas schief geht, weil Sie die Entscheidung getroffen haben.

Was ist zu tun?

Was Sie in Ihrem Leben auch tun, Sie tragen immer die Verantwortung dafür. Wenn Sie jemand anderem die Entscheidung überlassen, dann liegt das auch in Ihrer Verantwortung, da Sie ihm die Erlaubnis dafür gegeben haben. Sie können sich nicht drücken, also übernehmen Sie lieber die Verantwortung bewußt. Sie können nichts falsch machen, denn es gibt kein Richtig oder Falsch. Sie versuchen, Unangenehmes zu vermeiden. Das ist der Grund, warum sich so viele mit Entscheidungen schwer tun. Alles, was Sie vermeiden wollen, das ziehen Sie an, um zu lernen, daß es nur unsere Bewertungen sind, die die Geschehnisse und Dinge in Angenehm und Unangenehm einteilen.

Wenn Sie in Ihrer Beziehung nichts zu sagen haben und dieses ändern wollen, dann müssen Sie eine Entscheidung treffen und bereit sein, die Konsequenzen zu tragen. Treffen Sie die Entscheidung, die Verantwortung für Ihr Leben, die Sie sowieso tragen, nun ganz bewußt zu übernehmen. Entscheiden Sie sich, Ihre Entscheidungen wieder selbst ganz bewußt zu treffen. Erkennen Sie, daß Sie die Macht haben, Ihr Leben zu gestalten, dann werden Sie Freude daran haben, Entscheidungen zu treffen.

Ich kann nicht nein sagen

Wer nicht nein sagen kann, der hat es nicht leicht im Leben. Allen zugleich kann man es nicht recht machen. Das haben schon viele bewiesen, die es wirklich versucht haben. Der Versuch, das Neinsagen zu vermeiden, zwingt Ihnen so manche Situation auf, die Sie sich selbst geschaffen haben. Selbst wenn es ihnen relativ gut gelingt und das Umfeld ganz zufrieden mit Ihnen ist, vielleicht sogar den netten und immer hilfsbereiten Menschen lobt, spüren Sie eine innere Unzufriedenheit. Es anderen immer recht zu machen, bedeutet, daß man selbst seine eigenen Bedürfnisse zurückstellt. Auf Dauer ist das sehr unbefriedigend und vor allem sehr anstrengend.

Was steht dahinter?

Nicht nein sagen zu können, heißt eigentlich, nicht nein sagen zu wollen. Das Bedürfnis nach Anerkennung durch andere Menschen ist so groß, daß man versucht, es allen recht zu machen. Man meint, daß man nur dann geliebt wird, wenn man die Erwartungen und Wünsche der anderen erfüllt. Ein Nein könnte Liebesentzug und Ablehnung zur Folge haben, weshalb es tunlichst vermieden wird. Die Unsicherheit, ob man überhaupt aus Eigennützigkeit einem anderen ein Nein sagen darf, ob man überhaupt eigene Wünsche haben darf, kommt bei vielen noch dazu. Diejenigen, die ihr eigenes Verhalten hinterfragen und ihre Unzufriedenheit ändern wollen, bleiben an diesen Fragen oft hängen.

Was ist zu tun?

Machen Sie sich bewußt, daß Ihnen das Neinsagen nur deshalb so schwer fällt, weil Sie sich selbst nicht so annehmen wie Sie sind. Würden Sie sich selbst anerkennen und lieben, dann bräuchten Sie nicht nach der Anerkennung und Liebe der anderen zu streben. Sich selbst zu lieben heißt, seine eigenen Bedürfnisse zu achten. Alle Ihre Wünsche und Bedürfnisse sind vollkommen, sonst wären Sie Ihnen nicht gegeben. Natürlich kann es sein, daß mancher Ihr Nein nicht gerne hört, das bedeutet aber noch lange nicht, daß er Sie liebt, wenn Sie ja sagen. Ihre Mitmenschen sind Ihnen immer ein Spiegel. Wenn Sie sich selbst lieben, dann werden Sie auch geliebt. Wenn Sie Ihre Bedürfnisse nicht beachten, dann werden die anderen Ihre Bedürfnisse auch nicht beachten. „Liebe Deinen Nächsten, wie Dich selbst" ist nicht nur eine Aufforderung, es ist ein Gesetz: Nur wenn Sie sich selbst lieben, können Sie Ihren Nächsten lieben.

Mein Partner macht alles, was ich will

Für einige ist das ein sehr erstrebenswerter Zustand, während die meisten es als ziemlich uninteressant empfinden. Nachdem Sie vielleicht hart gekämpft haben, um den Partner gefügig zu machen, erkennen Sie, daß es eigentlich langweilig ist.

Was steht dahinter?

Zu allen Partnerschaftsproblemen gehören immer zwei. Zu sagen, daß der andere ein Problem hat, mit dem man nichts zu tun hat, aber darunter leidet, funktioniert nicht. Wenn Ihr Partner macht, was Sie wollen, und Sie das stört, dann ist das Ihr Problem, das Sie sich geschaffen haben. Sie veranlassen Ihren Partner, diese Rolle für Sie zu spielen, damit Sie etwas lernen.

Was ist zu tun?

Die Eigenschaft oder Einstellung, gegen die Sie sich wehren, ist genau das, was Sie bei sich selbst ablehnen. Daß Sie jetzt im Außen, also durch Ihren Partner, damit konfrontiert werden, ist die Aufforderung, es bei sich anzunehmen und zu integrieren. Dadurch werden Sie es auch bei Ihrem Partner annehmen und damit vielleicht verändern. Fragen Sie sich also, was es genau ist, was Sie ablehnen. Ist es das Abgeben von Verantwortung und Kontrolle, was Sie sich selbst nicht erlauben? Würden Sie sich gerne mal fallen lassen und den anderen machen lassen? Vielleicht möchten Sie sich auch nur einfach dem Lauf des Lebens hingeben und Kontrolle aufgeben, was Sie sich im Moment noch nicht trauen? Sind Sie bereit, sich fallen zu lassen? Mit der Ausrichtung, nach den eigenen behindernden Überzeugungen zu suchen, die diese Situation hervorgebracht haben, wird sich Ihnen die Ursache bald zeigen. Allein die Bereitschaft läßt den Auslöser im Außen überflüssig werden, wodurch Veränderung geschehen kann.

Ich kann nicht tun, was ich will

Obwohl man glauben sollte, daß diese Zeiten vorbei sind und dem Mittelalter angehören, gibt es immer noch genügend Partnerschaften, die mehr einem Sklave/Herr - Spiel gleichen als einem gleichberechtigten Miteinander zweier freier Menschen. Aber auch zu einem solchen Spiel gehören immer zwei. Ohne einen Sklaven gibt es keinen Herrn und ohne Herrn keinen Sklaven. Dem Herrn geht es in der Regel ja gut, von ihm hört man selten Klagen, während der Sklave unter seiner Unfreiheit leidet. Ihm wird gesagt, wie das gemeinschaftliche Leben gestaltet wird, was in der Freizeit unternommen wird, mit wem er sich treffen darf, was er überhaupt tun darf und vor allem zu lassen hat. „Wenn Du nicht..., dann...!", ist die ausgesprochene oder unausgesprochene Warnung vor den Konsequenzen.

Was steht dahinter?

Wenn Sie sich in Ihrer Freiheit eingeschränkt fühlen und meinen, nicht tun zu können, was Sie wollen, dann möchte ich Sie an dieser Stelle auf einen Irrtum hinweisen. Es mag sein, daß es sich für Sie so darstellt, aber in Wahrheit gibt es kein „Ich kann nicht". Dahinter steht immer nur ein „Ich will nicht". Natürlich können Sie tun, was Sie wollen, wenn Sie bereit sind, die Konsequenzen zu tragen. Ist die Angst vor den möglichen Konsequenzen aber zu groß, dann verharren Sie lieber in Ihrer Unfreiheit. Seien Sie sich aber bewußt, daß es Ihre Entscheidung ist.

Was ist zu tun?

Sie möchten tun, was Sie wollen, aber daran hindert Sie Ihre Angst vor den Konsequenzen. Also gilt es, genau diese Angst aufzulösen. Suchen Sie sich mal eine Situation aus und schreiben Sie alle möglichen Konsequenzen auf, die folgen könnten, wenn Sie genau das tun, was Sie wirklich wollen. Sollte Ihnen im nachhinein auffallen, daß Sie nur mögliche negative Konsequenzen aufgeschrieben haben, dann ergänzen Sie Ihre Liste bitte sorgfältig um alles Angenehme, was sich aus Ihrer Entscheidung ergeben könnte. Nur auf die negativen Folgen zu schauen, läßt einen in der passiven Rolle verharren. Wenn Sie sich entschieden haben, Ihre Situation zu verändern und bereit sind, mögliche Konsequenzen zu tragen, dann sprechen Sie mit Ihrem Partner offen über Ihr Problem und Ihre Entscheidung. Möglicherweise kommt alles ganz anders als Sie es erwarten. Vergessen Sie nicht die angenehmen Möglichkeiten. Worauf Sie Ihre Aufmerksamkeit lenken, das wird auch geschehen. Sie haben sich die Situation geschaffen, um zu lernen, wieder zu sich zu stehen und sich selbst treu zu bleiben. Wenn Sie das annehmen und sich für diesen Weg entscheiden, dann ist die Situation im Außen, die Sie genau dorthin leiten wollte, überflüssig geworden. Sie hat ihre Aufgabe erfüllt und kann sich nun verändern.

Alltag

Wir sind so unterschiedlich

„Sie dreht nie die Zahnpastatube zu", „Er läßt immer alles liegen", „Sie macht immer so eine Hektik", „Er macht die Musik so laut" usw. In jeder Partnerschaft finden sich diese unterschiedlichen Vorstellungen und Umgangsweisen. Je näher man sich ist und je mehr Zeit man miteinander verbringt, umso mehr Gewicht haben sie. Manche gehen diesen Problemen geschickt aus dem Weg, indem Sie erst gar nicht zusammenziehen und sich einen Rückzugsort bewahren. So unwichtig diese Probleme am Anfang erscheinen, so haben sie doch schon manche Beziehung auseinandergebracht.

Was steht dahinter?

Auf dem Weg in die Einheit konfrontieren wir uns immer wieder mit dem noch nicht integrierten Pol, um ihn zu integrieren und in unser bewußtes Sein aufzunehmen. Alles, was wir als getrennt von uns erleben, will früher oder später integriert werden. Darum ziehen wir uns Menschen an, die so unterschiedlich zu uns sind. Das bedeutet nicht, das wir so werden sollen wie sie, sondern daß wir erkennen sollen, daß wir ebenfalls alle diese Eigenschaften in uns tragen. Dann werden wir sie weder in irgendeinem Punkt ablehnen noch auf einen Sockel heben für irgendwelche besonderen Eigenschaften. Wir können sie nehmen wie sie sind und lieben.

Was ist zu tun?

Gerade die kleinen, scheinbar unwichtigen Probleme werden gerne auf die Seite geschoben, sind sie es doch nicht wert, darüber zu streiten. Leider werden sie dadurch nicht aufgelöst, sondern nur verdrängt. So schwelen sie vor sich hin, bis sie irgendwann mit anderen Problemchen das Faß zum Überlaufen bringen. Nutzen Sie die kleinen Unstimmigkeiten, damit Sie später mit den größeren umzugehen wissen. Je länger Sie damit warten, ein Thema anzusprechen, um so schwieriger scheint es zu sein. Also zögern Sie nicht lange, sondern sprechen Sie die Dinge gleich an.

Wie auch immer das Problem sich konkret gestaltet, geht es zuerst darum, den Partner mit seinen unterschiedlichen Gepflogenheiten zu akzeptieren. Er hat darauf genauso viel Recht wie Sie auf Ihre Gewohnheiten. Keiner macht es besser oder schlechter. Wenn Sie den anderen kritisieren, dann liegt das daran, daß Sie sich selbst für Ihre Gewohnheiten kritisieren. Sprechen Sie mit Ihrem Partner über all die Unstimmigkeiten. Geben Sie ihm keine Schuld, sondern sagen Sie ihm, was Sie stört und womit Sie nicht zurechtkommen. Manche Gewohnheiten sind so gegensätzlich, daß es schwer erscheint, einen Kompromiß zu finden. Wenn Sie beide jedoch eine Lösung finden wollen, dann werden Sie auch eine finden.

4. Trennung

Jede Trennung ist wie ein Sterben und gehört zum Leben wie die Geburt. Es ist der irdische Kreislauf von Anfang und Ende, von Geburt und Tod. Wir trennen uns von unserem Elternhaus, von Freunden, von einer Arbeit, von unserem Wohnort, und jedesmal ist es wie ein kleiner Tod. Je größer die Bedeutung für unser Leben, um so schwerer fällt uns das Loslassen. Partnerschaft steht für viele Menschen im Mittelpunkt ihres Lebens, daher ist diese Trennung eine der schmerzhaftesten Erfahrungen, die wir kennen. Obwohl wir wissen, daß jede Beziehung ein Ende hat, und sei es nach vielen Jahren, am Ende des Lebens, gelingt es nur wenigen, daß Abschiedsschmerz nicht zum Leiden wird.

Ich kann nicht loslassen

Obwohl die Trennung vielfach schon feststeht oder schon lange vollzogen ist, wollen die Verlassenen dies häufig nicht wahrhaben. Sie versuchen alles, um den anderen wiederzugewinnen. Vielleicht haben sie aber auch alle Versuche aufgegeben, weil sie nicht wissen, was sie tun können, aber insgeheim hoffen sie doch, daß sich das Blatt noch einmal wendet.

Was steht dahinter?

Loslassen bedeutet, Veränderung zu akzeptieren und geschehen zu lassen. Leben ist Veränderung, alles befindet sich in einem stetigen Wachstumsprozeß. Manche versuchen, diese Veränderungen aufzuhalten, was ihnen letztendlich aber nie gelingt. Es kostet sie nur viel Kraft und verursacht, daß sie leiden.

Verlassen werden heißt für viele, nicht gut genug zu sein, versagt zu haben. Sie versuchen mit aller Kraft, die Gunst des anderen wiederzugewinnen, um sich selbst damit zu bestätigen, daß sie doch gut genug sind. Sie kritisieren sich selbst oder machen den Partner für ihr Unglück verantwortlich und beschuldigen ihn.

Manchmal ist es die Angst vor dem Alleinsein, die das Loslassen so schwer macht. Gerade nach langen Beziehungen haben viele das Gefühl, nicht mehr alleine zurechtzukommen.

Vielleicht ist es auch die Angst, keinen neuen Partner zu finden. In jedem Falle aber ist es immer ein eigenes Problem und hat direkt nichts mit dem ehemaligen Partner zu tun. Viele wollen das nicht erkennen und erklären ihr eigenes Leid mit der großen Liebe, die sie zu dem anderen hinzieht und die ihn oder sie nicht loslassen kann. Das, was sie als Liebe bezeichnen, ist eine Abhängigkeit, die den anderen braucht. Wahre Liebe kann den anderen gehen lassen, denn sie will nichts von dem Menschen und braucht ihn auch nicht.

Was ist zu tun?

Erkennen Sie, daß Sie den anderen Menschen in Wahrheit nicht brauchen, und fragen Sie sich, warum Sie nicht loslassen können. Verurteilen Sie sich nicht für Ihre Angst oder Ihre Minderwertigkeitsgefühle, die sich manchmal hinter verletztem Stolz verstecken. Nutzen Sie die Chance, die Ihnen das Leben bietet, und machen Sie einen weiteren Schritt in Richtung Freiheit. Machen Sie sich auch bewußt, daß der andere genauso wenig wie Sie etwas falsch gemacht hat. Er versucht genau wie Sie, glücklich zu werden. Wenn Sie irgend etwas an ihm kritisieren, erkennen Sie, daß er Ihnen nur etwas zeigt, was Sie bei sich selbst nicht annehmen. Vertrauen Sie dem Leben, es geschieht nichts, was nicht gut für Sie ist und nichts, mit dem Sie nicht fertig werden können.

Wir werden uns nicht einig

Was vor kurzer Zeit noch wie Harmonie aussah, kann sich ganz schnell in einen unerbittlichen Krieg verwandeln. So gestaltet sich bei einigen Paaren die Trennung, obwohl sie zu Beginn beide sicher waren, daß ihnen so etwas nie passieren wird. Nachdem man lange Zeit alle materiellen Güter geteilt hat, läßt sich bei der Aufteilung keine Einigung finden. Jeder fühlt sich durch die Forderungen des anderen ungerecht behandelt und ausgenutzt. Selten findet sich eine Lösung, mit der beide wirklich zufrieden sind. Was bleibt, sind Gefühle von Enttäuschung bis zum Haß.

Was steht dahinter?

Trennungsprobleme zeigen immer an, daß es noch unerledigte Aufgaben in der Beziehung gibt und sie noch nicht ganz abgeschlossen ist. Dinge, die jahrelang nicht ausgesprochen wurden, die nie geklärt wurden, lassen sich jetzt nicht mehr aufschieben und kommen an die Oberfläche.

Was ist zu tun?

Wenn Sie Schwierigkeiten haben, mit Ihrem Partner eine Einigung zu finden, dann sollten Sie Ihre Situation erst einmal genau analysieren. Machen Sie sich bewußt, daß Sie sich diese Situation geschaffen haben, einschließlich Ihres Partners, um etwas zu lernen. Weder Sie noch Ihr Partner haben irgendetwas falsch gemacht. Es gibt keinen Schuldigen. Vereinbaren Sie mit Ihrem Partner ein Gespräch und erzählen Sie ganz ehrlich alles, was Sie denken und fühlen. Teilen Sie Ihre Verletztheit, Ihre Enttäuschung, Ihre Wut oder Traurigkeit, was immer Sie bewegt, mit. Sprechen Sie nur von sich und vermeiden Sie, den anderen in irgendeiner Form dafür verantwortlich zu machen. Bitten Sie Ihren Partner, Ihnen ebenfalls alles ganz offen zu sagen, was ihn bewegt, und versuchen Sie nicht, recht zu bekommen oder den anderen zu überzeugen. Es ist für Sie nicht wichtig, ob Ihr

Partner sich Ihnen öffnet, aber es hilft Ihnen zu erkennen, daß er genausowenig Schuld hat wie Sie. Wenn Sie das erkannt haben, werden Sie eine befriedigende Lösung finden.

Ich will nicht verletzen

Auch diejenigen, die die bestehende Partnerschaft auflösen wollen, empfinden diesen Schritt nicht immer als leicht. Ihr Partner liegt ihnen sehr am Herzen und sie wollen ihm nicht wehtun oder ihn sogar verletzen. Sie zögern, dem Partner klar und ehrlich ihre Absichten mitzuteilen, und warten auf eine günstige Gelegenheit oder darauf, daß es sich von selbst erledigt.

Was steht dahinter?

Dem anderen nicht wehtun zu wollen, ist eine sehr edle Absicht, aber leider ist es in diesem Zusammenhang selten der wahre Grund für die Zurückhaltung. Angst vor Ablehnung und Konfliktscheu steht in der Regel hinter dieser schönen Ausrede. Möglicherweise wird der Partner mit Enttäuschung, Wut und Vorwürfen reagieren, denen man am liebsten aus dem Weg geht. Eigene Zweifel, ob es der richtige Schritt ist, ob man die Trennung überhaupt will oder ob man sogar vor Problemen davonläuft und eigentlich beim Partner bleiben sollte, unterstützen das unsichere Verhalten. Dem anderen nicht wehtun zu wollen, spiegelt also nur die eigene Angst, verletzt zu werden, wider.

Was ist zu tun?

Was immer der wirkliche Grund bei Ihnen ist, der dieses zögernde Verhalten hervorruft, Sie sollten in jedem Fall ganz ehrlich mit Ihrem Partner über alles reden. Wenn Sie ihm wirklich helfen wollen, dann geben Sie ihm Klarheit und seien Sie ehrlich. Teilen Sie auch Ihre eigenen Ängste und Zweifel mit und warum Sie mit dem klärenden Gespräch so lange gewartet haben. Erkennen Sie, daß Ihre Unsicherheit und Ängste vollkommen in Ordnung sind, dann wird Sie auch Ihr Partner nicht dafür kritisieren. In Wahrheit können Sie ihn gar nicht verletzen. Sie können vielleicht der Auslöser sein, aber verletzen kann sich jeder nur selber. Zeigen Sie ihm durch Ihre Ehrlichkeit und Offenheit, daß er Ihnen vertrauen kann und daß Sie ihn, obwohl Sie sich trennen wollen, lieben. Damit erleichtern Sie seinen Trennungsschmerz. Sie nehmen ihm das Gefühl, nicht geliebt zu werden und die Enttäuschung, Ihnen nicht vertrauen zu können. So helfen Sie Ihrem Partner wirklich.

Ich verkrafte die Trennung nicht

Einige Menschen kommen über eine Trennung oder auch den Tod des Partners einfach nicht hinweg. Sie tragen den Kummer manchmal über viele Jahre mit sich herum und sind nicht fähig, sich auf eine neue Beziehung einzulassen. Sie versuchen alles mögliche, um das Vergangene zu vergessen, aber es holt sie immer wieder ein.

Was steht dahinter?

Wir bleiben so lange mit einem Menschen verbunden, solange wir Gefühle der Anziehung oder Ablehnung in uns tragen. Beides bindet unsere Aufmerksamkeit. Wenn wir vergessen, daß der andere uns nur zeigt, was wir in uns tragen, aber nicht als unser Eigen annehmen wollen, dann machen wir uns abhängig von ihm. Wir glauben, etwas zu verlieren, wenn wir verlassen werden. Das will aber keiner, und darum halten so viele Menschen fest. Genau so ist es auch, wenn wir jemandem nicht verzeihen können. Es zeigt uns, daß wir uns selbst nicht verzeihen können oder eine Eigenschaft bewerten und ablehnen. Solange wir uns selbst nicht annehmen und uns selbst nicht verzeihen können, können wir auch dem anderen nicht vergeben.

Was ist zu tun?

Erkennen Sie, daß Sie nie etwas falsch gemacht haben, daß Sie in jeder Situation immer Ihr Bestmögliches getan haben. Im nachhinein kann man natürlich leicht urteilen, aber in der Situation haben Sie getan, was Sie für am besten hielten und das war richtig. Wenn Sie sich bewußt machen, daß das Leben nur Ihrer eigenen Entwicklung dient, dem Ziel, frei und glücklich zu sein, dann können Sie erkennen, daß gerade diese Situation Sie einen großen Schritt weitergebracht hat. Sich selbst anzunehmen und zu lieben, öffnet uns die Tür, alle Menschen zu lieben. Dann erkennen Sie auch, daß Ihr Partner nichts falsch gemacht hat und Vergebung geschieht ganz von alleine.

Es kann recht hilfreich sein, sich nach einer Zeit noch einmal mit dem Partner zu treffen und ganz offen über das zu reden, was Sie noch heute belastet oder berührt und was Sie bisher nicht ausgedrückt haben. Sollte dies nicht möglich sein oder sollten Sie dieses nicht wollen, dann schreiben Sie alles in einem Brief auf. Es ist nicht wichtig, daß Sie diesen abschicken, Sie werden die befreiende Wirkung schon beim Schreiben bemerken. Verzeihen bedeutet nichts anderes, als zu erkennen, daß alles gut ist. Loslassen geschieht dann von ganz alleine.

Register 2:

Gefühle - Mögliche körperliche Folgen

Einleitung

Im folgenden Register sind die scheinbar negativen Gefühle und ihre möglichen körperlichen Folgen aufgeführt. Dabei bin ich nur auf die uns bekanntesten eingegangen und habe diese alphabetisch geordnet. Solche Gemütszustände haben natürlich eine Wirkung auf den Körper. Dabei ist es wichtig, im Bewußtsein zu behalten, daß die körperlichen Folgen von verschiedenen Faktoren abhängig sind.

Dazu gehörten zum einen die Intensität und Dauer des Gefühles und zum anderen, und das ist sehr entscheidend, wie man mit der Situation umgeht. Man kann ein solches Gefühl annehmen und zum Ausdruck bringen, man kann sich aber auch dagegen wehren, es nicht haben wollen und verdrängen. Die jeweils aufgelisteten möglichen körperlichen Folgen sind in diesem Sinne also als Anregungen zu verstehen und nicht als eine notwendige und immer auftretende Folge eines solchen Gefühles. Deshalb heißt es auch ausdrücklich: „Mögliche körperliche Folgen". Lang anhaltende und ständig präsente Gefühle führen hauptsächlich zu chronischen Krankheitsbildern, während kurzzeitige und heftige Gemütszustände mehr von akuten Krankheitsbildern begleitet werden. Natürlich können solche Gefühlszustände auch ohne bemerkbare körperliche Wirkung da sein, was eben in erster Linie vom Umgang mit ihnen abhängt.

Wie man mit solchen Gefühlen umgeht, ist ausführlich im Kapitel „Der Schlüssel für jede Krise" beschrieben, weshalb ich an dieser Stelle darauf verweisen will. Gleichzeitig möchte ich Sie auch noch einmal auf das erste Register hinweisen, in dem situationsbezogene Lösungsvorschläge angegeben sind.

Abhängigkeit

Das Gefühl von Abhängigkeit geht häufig mit einer Angst vor dem Alleinsein einher. Man glaubt, alleine nicht zurecht zu kommen. Das kann sich auf die materielle Ebene oder aber auch auf die Bewältigung von Krisensituationen beziehen. Vielen ist dieses nicht bewußt, sie fühlen nur, daß sie den anderen brauchen und glauben, ohne ihn nicht klar zu kommen.

Mögliche körperliche Folgen

- Migräne
- Hypotonie
- akute und chronische Erkrankungen der Atmungsorgane: Atembeschwerden, Husten, Grippe, Bronchitis
- chronische Verstopfung
- Rheuma

Ablehnung

Das Gefühl, abgelehnt zu werden, resultiert immer aus einer Selbstablehnung. Der Glaube, nicht gut genug zu sein, oder sich verändern zu müssen, um geliebt zu werden, läßt Sie genau das in Ihrem Alltag erfahren. Sie werden sich zahlreiche Situationen erschaffen, in denen Sie auf Ablehnung stoßen, um sich Ihre Minderwertigkeit zu beweisen. Früher oder später verschließen sich die meisten Betroffenen, ziehen sich zurück und vermeiden neue oder sogar jegliche Kontakte zu anderen Menschen.

Mögliche körperliche Folgen

- Depression
- Kreislaufbeschwerden: Hypotonie, Herzprobleme
- Hautprobleme: Allergie, Neurodermitis
- Zahn- und Zahnfleischerkrankungen
- Verdauungsprobleme: unregelmäßiger Stuhlgang mit Durchfall
- Gallenstörungen
- Erkrankungen der Atmungsorgane

Abweisung

Abweisung ist die gesteigerte Form der Ablehnung. Es ist nicht nur das Gefühl, mit dem anderen unzufrieden zu sein, sondern sagt schon, daß man nichts mit ihm zu tun haben will. Aber auch hier ist das Außen nur ein Spiegel. Abweisung, die Sie von Ihren Mitmenschen erfahren, zeigt nur, daß Sie sich selbst abweisen. Vorstellungen und Erwartungen über das eigene Sein und Verhalten stehen im Widerspruch zur Realität.

Mögliche körperliche Folgen

- Depression
- Kreislauf- und Herzbeschwerden
- Hautprobleme: Allergie, Neurodermitis
- Zahn- und Zahnfleischprobleme
- Verdauungsprobleme: wechselhafter Stuhlgang
- Gallenstörungen
- Übelkeit und Erbrechen
- Erkrankungen der Atmungsorgane
- Nierenprobleme

Aggression

Aggression ist eine sehr produktive und sehr empfindliche Kraft. Der Umgang mit ihr bestimmt, ob sie Kreatives oder Destruktives hervorbringt. Aus Angst vor der eigenen Kraft unterdrücken viele Menschen ihr eigenes Potential. Irgendwann wird der Druck aber so groß, daß es bei jeder Kleinigkeit aus ihnen herausplatzt und dann unerwünschte Wirkungen mit sich bringt. Sie fühlen sich bestätigt in ihrer Angst vor der eigenen Kraft und versuchen, diese mit noch mehr Anstrengung zu unterdrücken.

Mögliche körperliche Folgen

- Zahnprobleme
- Gallenstörungen
- chronische Magenbeschwerden
- Sodbrennen
- Hypertonie
- Migräne
- erhöhte Unfallgefahr

Angst

Das Gefühl der Angst hat viele verschiedene Gesichter und dementsprechend viele verschiedene körperliche Ausdrucksformen. Es kann die Angst vor dem Alleinsein, vor Verlust, Krankheit, Not, Ablehnung, Tod usw. sein. Hinter allen Ängsten steht aber immer die eine Sorge, mit einer möglichen Situation nicht zurechtkommen zu können. Diese Angst liegt allen anderen Ängsten zu Grunde.

Mögliche körperliche Folgen

- Abwehrschwäche
- Hypertonie
- Herzerkrankungen
- Asthma und andere chronische Erkrankungen der Atmungsorgane
- Verdauungsbeschwerden: Magenprobleme, wechselnder Stuhlgang mit Durchfall
- Schluckbeschwerden
- Zahnerkrankungen
- Migräne
- Haltungsstörungen
- Augenprobleme mit Sehstörungen
- Hörschwierigkeiten
- erhöhte Unfallgefahr
- Nierenerkrankungen

Anspannung

Das Gefühl der Anspannung kann durch Aufregung, Sorge und Leistungsdruck entstehen. Diesen Leistungsdruck schaffen wir uns durch unsere Erwartungen und Vorstellungen immer selber, auch wenn es manchmal so scheint, daß er von außen kommt.

Mögliche körperliche Folgen

- Migräne
- Verkrampfungen im Magen-Darmbereich mit
- Verdauungsbeschwerden
- Hypertonie
- Muskelkrämpfe und Verspannungen

Desinteresse

Desinteresse kann verschiedene Ursachen haben. Möglicherweise berührt uns das Geschehen nicht, es ist langweilig und läßt uns kalt. Oft zeigt dieses Gefühl, daß der Betroffene sich mit einem Problem, bewußt oder unbewußt, intensiv auseinandersetzt, so daß alles andere ihm unwesentlich erscheint und er damit das Gefühl von Desinteresse hervorruft.

Mögliche körperliche Folgen

- Bindegewebsschwäche
- Hypotonie und Durchblutungsstörungen
- Lungenprobleme
- körperliche Schwäche und Müdigkeit
- Depression
- Abwehrschwäche

Druck

Druck entsteht, wenn wir das Gefühl haben, etwas tun zu müssen. Dieser steigert sich, wenn wir noch nicht wissen, was wir tun können oder tun sollten. Das Gefühl, nicht gut genug zu sein, und die Überzeugung, Anerkennung nur nach entsprechender Leistung zu bekommen, setzt manche Menschen unter Dauerdruck.

Mögliche körperliche Folgen

- Schlafstörungen
- Migräne

- Magenprobleme
- Kreislauf- und Herzbeschwerden
- Übelkeit und Erbrechen
- Verdauungsprobleme
- Unfruchtbarkeit
- Verspannungen
- Wirbelsäulenschäden und Bandscheibenprobleme

Eifersucht

Hinter dem Gefühl der Eifersucht liegen meistens die Verlustangst und die Angst, nicht gut genug zu sein. Das mangelnde Vertrauen ist ein Zeichen für das mangelnde Selbstvertrauen. Die Angst, den Partner zu verlieren, führt zur Unruhe, ja teilweise bis zur Panik und völligen Selbstaufgabe.

Mögliche körperliche Folgen

- Schlafstörungen
- Verdauungsprobleme mit Magenerkrankungen
- Appetitstörungen mit Abmagerung
- Migräne
- Rückenprobleme

Einengung

Einengung ist ein Gefühl, welches häufig mit Veränderungen einhergeht und manchmal als nötige Antriebskraft gebraucht wird. Erweitert man seine Grenzen nicht, kann der innere Druck zu groß werden und entsprechende körperliche Folgen haben. Im weiteren kann sich aber auch Antriebslosigkeit, Langeweile und mangelnde Lebensfreude einstellen, besonders dann, wenn man die Verhältnisse aus Angst oder anderen Gründen nicht ändern will.

Mögliche körperliche Folgen

- je nach Phase: Hypotonie oder Hypertonie
- Krämpfe
- Atembeschwerden
- Nierenerkrankungen
- Verdauungsprobleme, besonders Verstopfung
- Bindegewebsschwäche
- Übergewicht
- Verspannungen

Einsamkeit

Einsamkeit ist das Tor zum All-Eins-Sein. Sie ist das Gefühl, von allem getrennt zu sein und wird als Leid empfunden. Vom Alleinsein unterscheidet sie sich nur durch die Bewertung, weshalb der gleiche Zustand von manchen als sehr angenehm empfunden wird und von anderen eben als unangenehm. Alle verdrängten Bereiche kommen im Alleinsein an die Oberfläche, und das wollen die meisten verhindern, weshalb sie dem Alleinsein aus dem Weg gehen.

Mögliche körperliche Folgen

- Lungenerkrankungen
- Depression
- Verstopfung
- Verkrampfungen
- Übergewicht, aber auch Appetitlosigkeit mit Abmagerung
- Müdigkeit

Ekel

Ekel ist ein Ausdruck massiver Abwehr. Wir werden mit etwas konfrontiert, das wir auf keinen Fall wollen. Wir lehnen es vehement ab. Die individuellen Unterschiede zeigen, daß Ekel immer ein Ausdruck der persönlichen Ablehnung bzw. der Bewertung ist. Dieses ist dem Betroffenen in den meisten Fällen gar nicht bewußt, er kommt überhaupt nicht auf die Idee, seine eigenen Überzeugungen und Vorstellungen zu hinterfragen.

Mögliche körperliche Folgen

- Übelkeit und Erbrechen
- Schluckbeschwerden
- Durchfall
- Lebererkrankungen
- Hauterkrankungen: Allergie, Ekzeme

Entmutigung

Das Gefühl der Entmutigung ist fast immer mit mangelndem Vertrauen gepaart. Mangelndes Vertrauen in das Leben und die Umstände zeigt wiederum nur den Grad des fehlenden Selbstvertrauens. Dieses spiegelt sich natürlich in unserem Leben und den Mißerfolgen wider. Frustration ist die Folge, wenn man sich selbst nicht als Schöpfer erkennt.

Mögliche körperliche Folgen

- Depression
- Hypotonie
- Zahn- und Zahnfleischerkrankungen
- Gallenstörungen
- körperliche Erschöpfung
- Abwehrschwäche

Enttäuschung

Enttäuschung ist immer die Folge von Erwartungen und Vorstellungen, die nicht erfüllt wurden. Je größer unsere Erwartungen sind, um so größer wird auch die Enttäuschung sein, wenn es eben anders kommt. Meistens ist sie mit einem Gefühl der Ohnmacht verbunden. Man fühlt sich nicht als Urheber der Situation, sondern als Opfer.

Mögliche körperliche Folgen

- Depression
- Erkrankungen der Nebenhöhlen

- Grippe
- Bronchitis
- Husten
- Herzprobleme
- akute Verdauungsstörungen

Erregung

Das Gefühl der Erregung, aufgeregt zu sein, ist entweder die Folge von Sorgen und Angst, oder es sind wiederum Erwartungen, die meistens unbewußt dahinter stehen. Erregung kann auch mit Freude verbunden sein, wenn man eben etwas Schönes, Besonderes oder Angenehmes erwartet. In jedem Falle aktiviert sie den Organismus bis hin zur ständigen Unruhe.

Mögliche körperliche Folgen

- Schlafstörungen
- Magenprobleme
- Durchfall
- Hypertonie
- Herzrasen
- erhöhte Unfallgefahr
- Zittern
- Verspannungen

Erschöpfung

Das Gefühl der Erschöpfung kann sich auf Körper und Geist beziehen oder aber auch auf eines beschränkt sein. Eine geistige Erschöpfung hat auf Dauer immer eine körperliche Erschöpfung zur Folge. Anstrengung und Überforderung, um ein bestimmtes Ziel zu erreichen oder einer Vorstellung gerecht zu werden, ist dabei die Ursache.

Mögliche körperliche Folgen

- Müdigkeit
- Appetitstörungen
- Gliederschmerzen
- Migräne
- Verspannungen und Krämpfe
- Kreislaufprobleme
- Verdauungstörungen
- Haltungsprobleme
- Abwehrschwäche

Haß

Haß ist ein Gefühl, das meist mit Aggressionen verbunden ist. Es kann in Folge von Enttäuschungen, nicht erfüllten Erwartungen auftreten, aber auch ohne einen erkennbaren Zusammenhang vorhanden sein. Haß kann sich auf andere Menschen, auf sich selbst und auch auf Situationen beziehen. Er beinhaltet immer eine massive Ablehnung und Abwehr und geht häufig mit einer Unruhe einher.

Mögliche körperliche Folgen

- Hautprobleme: Juckreiz, Ekzeme, Allergie
- akute und heftige Verdauungsprobleme
- Verspannungen
- Herzprobleme
- Gallenstörungen
- Sodbrennen
- Sehprobleme
- Migräne
- Hämorrhoiden

Kälte

Das Gefühl von Kälte fällt vielen schwer zu beschreiben. Es ist eine Mischung aus Desinteresse, mangelnder Lebensfreude, Unlust, Ratlosigkeit und Traurigkeit. Zahlreiche Enttäuschungen gehen diesem Gefühl meistens voraus. In zwischenmenschlichen Beziehungen entwickelt es sich oft, wenn man sich, meistens unbewußt, nicht einlassen will. Man läßt den anderen nicht an sich heran und distanziert sich.

Mögliche körperliche Folgen

- Nierenprobleme
- Herzschmerzen
- Depression
- Müdigkeit
- körperliche Schwäche
- Hypotonie
- Erkrankungen der Atmungsorgane
- Verspannungen
- Rheuma

Kraftlosigkeit

Dieses Gefühl wird oft von dem Gefühl der Ohnmacht begleitet. Man fühlt sich zu allem zu schlapp und kann nicht die Dinge so erledigen, wie man es sich optimalerweise vorstellt. Gleichzeitig verschwinden die Motivation und die Antriebskraft. Es ist häufig eine Folge nicht wirklich motivierender Ziele. Man lebt zu sehr nach seinen Vorstellungen, anstatt seine Ziele nach den Wünschen des Herzens auszurichten.

Mögliche körperliche Folgen

- Kreislaufprobleme: Hypotonie, Schwindelanfälle,
- Müdigkeit
- Zahn- und Zahnfleischerkrankungen
- Haltungsprobleme
- Depression
- Lethargie
- Erkrankungen der Atmungswege
- Abwehrschwäche

Langeweile

Das Gefühl der Langeweile ergibt sich aus der Ziellosigkeit. Die Unruhe, die dabei entsteht, kommt aus der Vorstellung, etwas tun zu müssen. Anstatt eine solche Phase anzunehmen, die manchmal wichtig ist, um sich neu zu besinnen und in die Stille zu gehen, suchen viele nach einem Lückenfüller. Nicht selten ist es die Flucht vor dem Alleinsein und der Stille, die dieses Gefühl verursacht.

Mögliche körperliche Folgen

- Depression
- Kreislaufprobleme
- Gallenstörungen
- Haut- und Haarprobleme
- Abwehrschwäche
- Müdigkeit

Leere

Das Gefühl der Leere zeigt meistens eine anstehende Veränderung an. Das derzeitige Sein erfüllt einen nicht oder nicht mehr, und Neues will nun in das Leben treten. Mangelndes Lebensvertrauen, Angst vor dem Neuen und Sicherheitsdenken verhindern oder halten diese Veränderung oft auf. Genauso verhindert das Bestreben, das Gefühl der Leere zu beseitigen, diesen Entwicklungsprozeß.

Mögliche körperliche Folgen

- Herzprobleme
- Kreislaufstörungen
- Abwehrschwäche
- Haltungsprobleme
- unregelmäßiger und wechselnder Stuhlgang
- Appetitlosigkeit mit Abmagerung
- Freßsucht mit Übergewicht
- Depression
- Leberstörungen

Leidenschaft

Leidenschaft ist ein Gefühl, das uns ganz einnimmt. Da ist kein Platz mehr für andere Dinge. Was wir leidenschaftlich angehen, das machen wir total. Es begeistert uns und gibt uns Kraft. Nicht selten steht aber auch der unbewußte Versuch dahinter, ein Ziel mit allen Mitteln zu erreichen. Dann raubt sie uns bald Kräfte, ist anstrengend und schafft letztendlich Leiden.

Mögliche körperliche Folgen

- Schlafstörungen
- Verdauungstörungen mit Durchfall
- Kreislaufbeschwerden
- Lebererkrankungen

Minderwertigkeitsgefühle

Viele Menschen tragen ein Gefühl der Minderwertigkeit in sich, das unterschiedlich stark ausgeprägt ist. Die Intensität unterliegt starken zeitlichen Schwankungen. Diese Überzeugung der Minderwertigkeit von uns selbst beweisen wir uns durch vielfältige Lebenssituationen, in denen wir nicht gut genug sind, unseren Erwartungen nicht entsprechen oder uns ständig mit scheinbar besseren Menschen vergleichen.

Mögliche körperliche Folgen

- Depression
- Haltungsstörungen

- Bindegewebsschwäche
- Abwehrschwäche
- Hypotonie
- Leberstörungen
- Magenprobleme
- Zahn- und Zahnfleischerkrankungen

Mißtrauen

Vielen ist nicht bewußt, daß sie oft ein Gefühl des Mißtrauens haben. Alles, was nicht im Vertrauen geschieht, geschieht mit einem mehr oder weniger großen Mißtrauen. Wo kein Selbstvertrauen ist, ist Mißtrauen gegenüber sich selbst. Dieses Nein zum Leben und zu sich selbst will in ein Ja umgewandelt werden, sonst macht uns der Körper früher oder später darauf aufmerksam.

Mögliche körperliche Folgen

- Abwehrschwäche
- Leber- und Gallenprobleme
- Erkrankungen der Atmungsorgane
- Migräne
- Verspannungen
- Seh- und Hörprobleme

Mitleid

Wie schon das Wort sagt, leiden wir mit jemandem oder einer Situation mit. Im Gegensatz zum Mitgefühl bewerten wir das Geschehen negativ, bezeichnen es also als schlecht, falsch, böse oder sogar schrecklich. Das Gefühl des Mitleides ist also eine Folge unserer Bewertungen. Lassen wir unsere Vorstellungen los, wie etwas sein oder nicht sein soll, dann fühlen wir mit, aber leiden nicht dabei.

Mögliche körperliche Folgen

- Depression
- Verdauungsstörungen
- Nierenprobleme
- Gelenkerkrankungen
- Haltungsprobleme
- Rheuma
- Herzprobleme

Müdigkeit

Das Gefühl der Müdigkeit muß sich nicht nur auf den Körper beziehen. Manchmal beschränkt es sich nur auf eine geistige Müdigkeit, wobei der Körper dieses dann bald widerspiegelt. Es zeigt an, daß wir einer Sache überdrüssig sind und Veränderungen anstehen. Zuviel unserer Energie geht in Bereiche, die mit unseren wirklichen Wünschen nicht übereinstimmen. Verfolgen wir unsere Herzenswünsche, dann werden wir mit Energie aufgeladen.

Mögliche körperliche Folgen

- Verspannungen
- Gliederschmerzen
- Hypotonie
- Verstopfungen
- Nieren- und Blasenerkrankungen
- Bindegewebsschwäche
- erhöhte Unfallgefahr
- Abwehrschwäche
- Depression

Neid

Neid zeigt, daß man das Gefühl hat, im Mangel zu leben. Das einzige, was uns in diesem Mangel hält, ist unsere Überzeugung, es nicht verdient zu haben und minderwertig zu sein. Dem anderen etwas nicht zu gönnen, zeigt nur, daß man es sich selbst nicht gönnt. Dementsprechend erleben wir dann den Mangel. Die Mißgunst richtet sich also nur gegen uns selbst.

Mögliche körperliche Folgen

- Abmagerung
- Verdauungsstörungen
- Magen- und Gallenprobleme
- Sodbrennen
- Zahnerkrankungen
- Herzerkrankungen
- Hautprobleme
- Abwehrschwäche

Panik

Panikgefühle treten in Situationen oder Augenblicken großer Angst auf. Angst vor großem Verlust, z.B. des Partners oder sogar Angst vor dem Tod. Wenn sie uns befällt, scheinen wir jegliche Kontrolle über uns verloren zu haben. Wir können diesem Gefühl nicht ausweichen und wissen in dem Augenblick nicht, was wir tun können. Viel Energie wird benötigt, so daß wir uns danach sehr erschöpft und ausgelaugt fühlen.

Mögliche körperliche Folgen

- Auszehrung
- Gliederschmerzen
- Verspannungen und Krämpfe
- Durchfall
- Übelkeit und Erbrechen
- Hypertonie

Rachsucht

Die Gefühle Rachsucht und Haß sind sehr eng miteinander verbunden. Enttäuschung auf Grund eigener Erwartungen und Vorstellungen gehen ihnen meistens voraus. Dabei ist sich der Betroffene dessen selten bewußt, er fühlt sich vielmehr als Opfer. Alle Gefühle, die wir nach außen projizieren, betreffen immer uns selbst. Haß und Rachsucht richten sich immer gegen einen selbst, auch wenn man das nicht wahrhaben will.

Mögliche körperliche Folgen

- Abwehrschwäche
- Lebererkrankungen
- Hautprobleme
- Magenbeschwerden
- Krebs
- Gallenbeschwerden
- erhöhte Unfallgefahr

Streß

Das Gefühl von Streß haben wir dann, wenn wir uns von einer Situation überfordert fühlen. Wir haben den Überblick verloren, wissen noch keine Lösung für das Problem oder meinen, noch mehr tun zu müssen. Gerade in Beziehungen kann das Gefühl, noch etwas tun zu müssen, um irgendetwas zu erreichen oder zu vermeiden, streßartige Gefühle auslösen.

Mögliche körperliche Folgen

- Schlafstörungen
- Magenprobleme
- Hypertonie
- Verdauungsstörungen
- Haarausfall und Schuppenbildung
- akute Atemwegserkrankungen
- Migräne
- Verspannungen
- Herzprobleme

Trauer

Das Gefühl der Traurigkeit kann viele Auslöser haben. Nicht nur Verlust von nahestehenden Menschen, sondern auch Enttäuschung, Ratlosigkeit und Versagen kann dieses Gefühl hervorrufen. Alle diese Situationen sind von einer gewissen Ernsthaftigkeit geprägt. Man hat das Gefühl, daß etwas Ungutes passiert ist, dem man hilflos gegenüber steht. Dem zugrunde liegen wiederum Bewertungen und das Gefühl, Opfer zu sein.

Mögliche körperliche Folgen

- Haltungstörungen
- Zahn- und Zahnfleischprobleme
- Abwehrschwäche
- Hypotonie
- Herzprobleme
- Verdauungsstörungen
- Bindegewebsschwäche
- Nebenhöhlenentzündungen

Überforderung

Das Gefühl der Überforderung muß nicht erst mit der Erschöpfung auftreten, sondern tritt oft schon bei der Konfrontation mit einer neuen Arbeit, einem Problem oder einer bevorstehenden Veränderung auf. Dahinter stehen das mangelnde Vertrauen, mit der Situation klar zu kommen, Minderwertigkeitsgefühle und oft auch Sicherheitsdenken, denn jede Veränderung bringt Unbekanntes mit sich.

Mögliche körperliche Folgen

- Depression
- Verdauungsbeschwerden mit Durchfall
- akute Erkrankungen der Atmungsorgane
- Schlafstörungen
- Gelenkerkrankungen
- Haltungsprobleme
- Verspannungen
- Migräne

Überheblichkeit

Das Gefühl der Überheblichkeit ist nicht unbedingt die Folge einer falschen Selbsteinschätzung, denn wir sind alle vollkommene, wunderbare Wesen mit unbegrenzten Möglichkeiten. Überheblichkeit kommt dann, wenn man meint, man sei etwas Besseres als die anderen. Die Minderwertigkeit und die Überheblichkeit haben ihren Ursprung im Vergleichen und Bewerten.

Mögliche körperliche Folgen

- Haltungsprobleme
- Gelenkerkrankungen
- Erkrankungen der Atmungswege
- Leberstörungen
- erhöhte Unfallgefahr
- Sehprobleme

Unbefriedigt-Sein

Wenn das Ergebnis nicht mit dem übereinstimmt, was wir erwartet haben, dann fühlen wir uns unbefriedigt. Es kann eine Motivation sein, weiterzumachen und zu verändern, um das gewünschte Ergebnis zu erreichen, oder aber auch frustrierend und demotivierend wirken. Im letzteren Fall raubt es uns die kreative Energie und wir fallen mehr und mehr in die Passivität. Für eine Beziehung bedeutet dieses früher oder später das Ende.

Mögliche körperliche Folgen

- Depression
- Lethargie
- Müdigkeit
- Gliederschmerzen
- Herzerkrankungen
- Magenbeschwerden

Unruhe

Unruhe kennen wir alle immer wieder mal aus unserem Leben. Es kann Vorfreude sein, ein aufregendes Erlebnis, Sorge, Angst usw. Immer sind es aber Bewertungen und damit verbundene Erwartungen oder Ängste, die uns das Gefühl der Unruhe erleben lassen. Ruhen können wir nur in uns und nur dann, wenn wir uns nicht nur annehmen wie wir sind, sondern uns wirklich lieben.

Mögliche körperliche Folgen

- Verdauungsstörungen
- Magenprobleme
- Zittern
- Herzprobleme
- Kreislauferkrankungen
- Abwehrschwäche

Unsicherheit

Das Gefühl der Unsicherheit resultiert letztendlich immer aus dem Denken, daß es ein „Richtig und Falsch" gibt. Wir können uns richtig und falsch verhalten, das Richtige oder Falsche sagen und uns richtig oder falsch entscheiden. Da wir aber nie alle Folgen unseres Tuns und Denkens absehen können, werden wir so lange mit diesem Gefühl der Unsicherheit konfrontiert, wie wir an dem Denken, daß es ein „Richtig und Falsch" gibt, festhalten.

Mögliche körperliche Folgen

- Abwehrschwäche
- Leberstörungen
- Erkrankungen der Atmungsorgane
- Haltungsprobleme
- Bandscheibenprobleme
- akute Verdauungsprobleme
- Migräne

Unverständnis

Wenn man von anderen nicht verstanden wird, dann fühlt man sich unverstanden. Aber warum will man überhaupt von anderen verstanden werden? Ein Grund ist das Bedürfnis nach Anerkennung und die Angst vor Ablehnung, und zum anderen spiegelt sich darin der Wunsch wider, sein eigenes Leben verstehen zu wollen.

Mögliche körperliche Folgen

- Migräne
- Kreislaufprobleme
- Erkrankungen der Atmungsorgane
- Übergewicht und Freßsucht
- Verstopfung

Unzufriedenheit

Nur wer in sich fühlt, daß alles wirklich gut ist, daß man nichts zu leisten braucht, daß einem nichts passieren kann und man schon lange vollkommen ist, wird wirklichen Frieden in sich tragen. Das Gefühl der Unzufriedenheit bezieht sich meistens auf die eigene Situation oder die eigene Person. Man ist mit den gegenwärtigen Bedingungen nicht einverstanden und wünscht sich etwas anderes. Wobei deshalb keine Vorstellung da sein muß, wie es besser wäre.

Mögliche körperliche Folgen

- Depression
- Freßsucht mit Übergewicht
- Herz-und Kreislaufprobleme
- Migräne
- Abwehrschwäche
- Atembeschwerden
- Verspannungen und Haltungsprobleme

Wut

Wut ist ein sehr aufdringliches Gefühl. Wir können es nur schwer auch nur für einen Moment außer acht lassen. Es ist entweder die Folge einer massiven Enttäuschung oder das Gefühl der Ohnmacht, die uns zur Verzweiflung treiben Beides finden wir oft gemeinsam. Wut drängt förmlich nach außen und je mehr wir versuchen, sie zu kontrollieren und zu unterdrücken, um so mehr manifestiert sie sich im Körper.

Mögliche körperliche Folgen

- Gallenbeschwerden
- Magenprobleme
- Sodbrennen
- Zahnerkrankungen
- Hämorrhoiden
- Erkrankungen der Atemwege
- Herzprobleme
- Verspannungen und Krämpfe
- Krebs
- Nieren- und Blasenprobleme

Zweifel

Das Gefühl des Zweifelns ist ähnlich dem Gefühl der Unsicherheit. Beim Zweifel steht man zusätzlich unter dem Druck, eine Entscheidung treffen oder etwas tun zu müssen. Sicherheitsdenken und die Vorstellung, daß man etwas Falsches tun könnte, sind die Gründe, warum das Gefühl des Zweifelns bei so vielen Menschen einen festen Platz hat.

Mögliche körperliche Folgen

- Verspannungen
- Migräne
- Appetitstörungen
- Verdauungsstörungen: führt zu wechselndem
- Stuhlgang mit Durchfall
- Kreislaufprobleme
- erhöhte Unfallgefahr
- Magenprobleme
- Lebererkrankungen
- Gelenkserkrankungen

Register 3:
Die Bedeutung der Krankheitsbilder -
Was ist zu tun?

Adipositas (Fettsucht) - Übergewicht

Übergewicht entsteht, wenn mehr Nahrung aufgenommen wird, als nötig ist. Ein Gefühl der inneren Leere und des Mangels ist der Antrieb für Eßsucht. Essen vermittelt vielen das Gefühl, etwas zu bekommen. Sie vergessen ihre Enttäuschung, Angst, Traurigkeit, Frustration usw. Darum spricht man auch vom „Frustfressen" und vom „Kummerspeck". Ein seelisches Defizit kann aber durch Essen nicht ausgeglichen werden. Der Hunger nach Liebe, Geborgenheit und Zärtlichkeit bleibt. Manche schaffen sich auch einen Schutzpanzer, den sie um den körperlichen Sitz der Gefühle, den Bauch, herumlegen. Sie haben Angst, verletzt zu werden. Mangelndes Vertrauen in das Leben und die Angst, nicht genug zu bekommen, läßt manche einen Vorrat anlegen. Sie nehmen, was sie bekommen können und machen die Schüsseln leer. Es ist ein Mangel an Eigenliebe, den man versucht, im Außen zu kompensieren.

Was ist zu tun?

Wer in einer erfüllten Partnerschaft lebt, sich geborgen fühlt, Liebe und Zärtlichkeit bekommt, leidet selten an Übergewicht. Aber das ist nicht die Lösung. Das ist nur ein Zeichen, daß man sich selbst liebt und im Außen Liebe erfährt. Die Aufforderung heißt, sich anzunehmen, zu erkennen, daß man nichts falsch gemacht hat und auch nichts falsch machen kann. Vertrauen Sie dem Leben, in Wirklichkeit kann Ihnen nichts geschehen, dann brauchen Sie keine Sicherheit und keinen Schutz mehr.

Aids (Acquired Immune Deficiency Syndrome)

Aids bedeutet so viel wie erworbener Mangel an Abwehrkraft. Dadurch werden Krankheitserreger nicht mehr ausreichend abgewehrt, wodurch eine sonst harmlose Infektion lebensgefährlich werden kann. Für die Übertragung des empfindlichen Aids-Virus ist vor allem der Sexualverkehr und die gemeinsame Benutzung von Injektionsnadeln bei Drogenabhängigen von Bedeutung.

Das Abwehrsystem, das bei Aids versagt, steht symbolisch für Abgrenzung und auch Nein-Sagen. Liebe heißt aber sich öffnen, hereinlassen und teilen. Liebe stellt Grenzen in Frage und öffnet sich dem von außen Kommenden, um mit ihm eins zu werden. Wird das Nein-Sagen übertrieben, ermüden früher oder später die Abwehrkräfte, und der Mensch muß sich öffnen. Drogenabhängige sagen Nein zum Leben, sie fliehen in eine andere Welt. Homosexuelle gehen dem anderen Pol in sich aus dem Wege.

Was ist zu tun?

Angst vor dem Unbekannten verhindert die Bereitschaft, sich zu öffnen und das Neue hereinzulassen. Erkennen Sie, daß Ihnen nichts geschehen kann, im Gegenteil, das Leben will Sie zu Glück und Freiheit führen. Sie brauchen nur Ja zu sagen. Wenn Sie sich öffnen und Unbekanntes hereinlassen, dann braucht Ihr Körper Sie nicht mehr dazu zu zwingen, und die Krankheit wird überflüssig.

Akne

Die Haut bildet die äußere Grenze unseres Körpers und ist damit die Kontaktfläche zur Außenwelt. Probleme mit der Haut sind ein Zeichen für Kontaktschwierigkeiten. Das kann bedeuten, daß man von außen nichts ran lassen will, oder aber daß man nicht rausläßt, was raus will. Aggressionen und Sexualität sind die schwierigsten Themen der Pubertät. Meistens wird beides unterdrückt, weil es schmutzig, unrein oder unmoralisch ist. Akne zeigt, daß man mit seinen eigenen Gefühlen nicht im Reinen ist und diese unterdrückt. Manche Menschen denken, daß sie von Süßigkeiten Akne bekommen. Sie erkennen nicht, daß sie die Süßigkeiten nur essen, um ein unangenehmes Gefühl oder eine Unzufriedenheit zu unterdrücken. Aber dieses Verdrängte kommt wieder an die Oberfläche, es will ausgedrückt werden.

Was ist zu tun?

Nichts was in Ihnen ist, kann etwas Schlechtes sein, denn der Mensch ist eine vollkommene Schöpfung. Es sind Ihre Bewertungen, die sagen, daß das eine gut ist und das andere schlecht. In Wahrheit ist alles gut. Stehen Sie zu Ihren Gefühlen und lassen Sie diese ungehemmt raus, dann kann sich auch nichts anstauen, dessen Sie nicht wieder Herr werden, und es braucht sich nichts mehr über Ihre Haut ausdrücken.

Alkoholsucht

Die Abhängigkeit vom Alkohol wird immer noch von vielen Betroffenen nicht wahrgenommen und schon gar nicht als Krankheit bezeichnet. Die körperlichen Folgen können sehr vielfältig sein. Angefangen bei einer allgemeinen Unruhe, Nerven- und chronischer Magenschleimhautentzündung, kommt es häufig zu Leber- und Nierenerkrankungen. Gelenkentzündungen, Impotenz und bleibende Gehirnschäden treten immer wieder auf.

Wie jede Sucht ist auch die Alkoholsucht eine Suche. Was man im Alltag nicht findet, gibt einem der Alkoholkonsum. Man flieht in eine andere Welt, damit man das andere besser ertragen kann. Unzufriedenheit und Probleme kann man so, zumindestens für eine Zeit, vergessen. Aber sie lassen sich dadurch nicht lösen. Das mangelnde Vertrauen, mit den Problemen fertig werden zu können, läßt den Betroffenen nur die Möglichkeit, sie zu verdrängen. Alkohol ist dafür eine Möglichkeit.

Was ist zu tun?

Erkennen Sie, daß es keine unlösbaren Probleme gibt, auch nicht für Sie. Niemals werden Sie mit einer Situation konfrontiert, ohne daß Sie die Kraft haben, diese zu bewältigen.

Finden Sie heraus, wovor Sie weglaufen. Beobachten Sie, wann, wo und wie Sie zum Alkohol greifen. Das gibt Ihnen die nötigen Hinweise, um Ihr Problem zu erkennen. Mit dem Vertrauen, daß Sie es auch ohne Alkohol bewältigen können, werden Sie schnell einen Weg finden. Ihr Selbstvertrauen steigt, und Sie werden schon bald keinen Alkohol mehr brauchen.

Allergie

Allergiker zeigen auf kleinste Reize eine übertriebene Abwehrreaktion. Dies gilt für den Körper wie auch für den geistigen Bereich. Die körperliche Ebene spiegelt dabei nur wider, was sich im Bewußtsein des Menschen abspielt. Die Tatsache, daß der Körper auf die normalerweise allergieauslösenden Stoffe in einer Narkose nicht reagiert, beweist dieses. Der Allergiker wehrt sich gegen bestimmte Teilbereiche des Lebens, er will mit ihnen nicht in Berührung kommen.

Die Art der Allergie macht symbolhaft deutlich, wogegen man sich wehrt.

Heuschnupfen

Es handelt sich hierbei um die Überempfindlichkeit gegenüber Blütenpollen. Blütenpollen stehen symbolisch für die Befruchtung und Fortpflanzung, also für die Sexualität. Nicht zufällig haben viele Jugendliche, für die dieses Thema noch neu ist und die Probleme mit ihrer Sexualität haben, Heuschnupfen.

Katzenhaarallergie

Die Katze hat einen sehr eigenwilligen Charakter. Sie tut, was sie will und führt fast immer ihr eigenes Leben. Menschen, die gegen Katzenhaare allergisch reagieren, erlauben sich häufig nicht, zu tun, was sie wollen. Sie wehren sich dagegen, entweder weil sie glauben, daß es egoistisch und unmoralisch ist oder weil sie die Verantwortung für ihre eigenen Wünsche und Bedürfnisse nicht übernehmen wollen. Gleichzeitig ist die Katze durch ihre Anschmiegsamkeit und Offenheit ein Symbol für die weibliche Sexualität und Hingabe. Die allergische Reaktion kann sich auch gegen diese Eigenschaften richten.

Hausstauballergie

Dahinter steht die Überempfindlichkeit gegen scheinbar Unreines, der eine Bewertung, was rein und unrein ist, vorausgeht. Eigene Gefühle, Gedanken, Eigenschaften werden als unrein empfunden und abgelehnt. Diese gesteigerte Abwehr und Überempfindlichkeit wird in der Hausstauballergie deutlich.

Was ist zu tun?

Hinter jeder Abwehrreaktion steht die Angst, daß etwas Ungutes passieren könnte. Vorstellungen, Bewertungen und mangelndes Vertrauen gilt es zu erkennen und anzunehmen. Erst dann kann man sie loslassen. Jede Allergie ist die Aufforderung, die eigenen Vorstellungen loszulassen und Ja zu sagen zu dem was ist. Eigene Gedanken, Wünsche und Gefühle wollen zum Ausdruck gebracht werden, sie entsprechen der eigenen Wahrheit und nicht die Vorstellungen und Bewertungen, die wir dazu haben. Öffnen Sie sich vertrauensvoll dem Leben, um Neues zu erleben und das Vollkommene im scheinbar Unvollkommen zu erkennen. Abwehren heißt Nein, Liebe sagt Ja zu allem.

Arthritis

Die Beweglichkeit des Körpers wird durch die Arthritis oder den Gelenkrheumatismus eingeschränkt. Die Gelenke werden steif und unflexibel. Die körperliche Starrheit ist wiederum nur Spiegelbild der geistigen Einstellung. Die Arthritis will auf die Unflexibilität im Bewußtsein hinweisen. Festgefahrene Meinungen und Starrsinnigkeit stehen dahinter. Gerade ältere Menschen wollen häufig ihre Meinungen nicht mehr ändern und leiden dementsprechend oft an Arthritis. Man glaubt zu wissen, wie das Leben ist, anstatt offenherzig hinzuschauen und zu erkennen, wie es wirklich ist.

Was ist zu tun?

Leben ist Veränderung. Veränderungen können nur geschehen, wenn man bereit ist, mitzufließen und sich ständig zu ändern. Nur so kann Entwicklung und Wachstum geschehen. Genau wie der körperlichen Steifheit Wärme hilft, so hilft auch dem starrsinnigen und unflexiblen Geist psychische Wärme. Liebe heißt, anzunehmen und vertrauensvoll sich dem Leben zu öffnen. Lassen Sie Ihre Vorstellungen von dem, was richtig und falsch ist, los. Wahre Liebe kann nicht in Dogmen und Vorstellungen existieren, sondern nur in dem, was wirklich im Hier und Jetzt da ist. Seien Sie flexibel, dann wird es Ihr Körper auch sein.

Arthrose

Die Arthrose ist eine fortgeschrittene Form der Gelenkerkrankung. Außer Steifheit und Schmerzen bei der Bewegung wird sie teilweise von Gelenkdeformationen begleitet. Wer lange an seiner geistigen Unflexibilität und Starrsinnigkeit festhält, wird schmerzhaft darauf hingewiesen, wieder den richtigen Weg einzuschlagen. Die Eigenwilligkeit ist sogar in der Lage, eine Gelenkdeformation herbeizuführen. So versucht das Leben, den Weg in die Freiheit und ins Glücklichsein einzuschlagen, was ja der innerste Wunsch eines jeden Wesens ist. Die Angst, mit dem Unbekannten nicht fertig werden zu können, läßt manchen Menschen alle Bremsen bis zum Bewegungsstillstand ziehen.

Was ist zu tun?

Wie bei der Arthritis lautet auch hier die Botschaft, vertrauensvoll sich dem Leben hinzugeben und Veränderung geschehen zu lassen. Versuchen Sie zu erkennen, warum und gegen welche Veränderung Sie sich wehren. Welche Angst steht dahinter? Öffnen Sie sich für die Möglichkeit, daß es auch einen anderen Weg gibt, der Ihnen Gutes bringt. Öffnen Sie sich für die Möglichkeit, daß auch andere Vorstellungen und Meinungen richtig und hilfreich sein könnten. Mit dieser Einstellung erlauben Sie dem Leben, Veränderungen zu vollziehen - zu Ihrem Vorteil, wie Sie schon bald feststellen werden.

Asthma

Das Wort Asthma kommt aus dem Griechischen und bedeutet soviel wie Engbrüstigkeit. Asthma ist eine allergische Reaktion, eine übertriebene Reaktion des Körpers auf einen äußerlichen Reiz. Durch Verengung der Atemwege, Schwellung und Sekretion der Schleimhaut kommt es zur Atemnot mit dem Gefühl eines lebensbedrohenden Erstickungsanfalls. Asthmaanfälle treten meist in typischen Situationen auf und symbolisieren das Ablehnen dieser Geschehnisse oder Eigenschaften. Es ist ein Krampf, den der Betroffene erlebt, mit dem er das behalten will, was er hat und nichts Neues in sich hineinlassen will. Enge und Angst sind nicht voneinander zu trennen. Der Asthmakranke zeigt so, daß er Angst davor hat, sich zu zeigen, indem er krampfhaft seinen Atem zurückhält, aber auch Angst, das Neue, Unbekannte in sich aufzunehmen.

Was ist zu tun?

Angst ist die Überzeugung, mit einer Situation nicht klar zu kommen. Man vermeidet den Kontakt, indem man sich einengt. Die Weite des Meeres und der Berge hilft dem Kranken. So hilft es ihm auch, wenn er sich selbst weit macht und sich für das öffnet, wogegen er sich gewehrt hat. Kein Mensch wird mit einer Situation konfrontiert, die ihn überfordert. Jeder bekommt immer nur die Last, die er auch tragen kann. In diesem Bewußtsein wird das Selbstvertrauen gestärkt, und die Bereitschaft zur Konfrontation wächst. Der erste Schritt ist immer der schwierigste, ist er einmal getan, ist alles andere leichter. Was man im Außen ablehnt, sind Teile des eigenen Seins, gegen die man sich wehrt. Schauen Sie sich die Situationen genau an, die einen Asthmaanfall auslösen. Sie zeigen Ihnen, was Sie bei sich selbst ablehnen. Mit der liebevollen Annahme dieser Eigenschaften wird auch die übertriebene Abwehrreaktion des Körpers überflüssig.

Bandscheibenprobleme

Die Wirbelsäule des Menschen ist die tragende Konstruktion, die den ganzen Druck des Körpergewichtes auffängt. Sie setzt sich aus zwei Komponenten zusammen: den harten Wirbelkörpern, die das Männliche verkörpern und den weichen, elastischen Bandscheiben, die für das Weibliche stehen. Bei einem Bandscheibenvorfall ist die geistig seelische Belastung so groß, daß die weiblichen Anteile den harten männlichen Komponenten weichen müssen. Große Schmerzen sind damit verbunden, wenn das weiche Weibliche dem harten männlichen Druck nicht standhalten kann. Die Einseitigkeit führt zur Einschränkung der Flexibilität bis hin zur Bewegungsunfähigkeit. Das Männliche braucht das Weibliche und umgekehrt.

Was ist zu tun?

Auch der psychische Druck, der den Bandscheibenvorfall verursacht, ist eine Folge der Unausgeglichenheit. Der männliche Anteil allein kann Probleme nicht lösen, wodurch der Druck immer größer wird. Erst wenn das Weibliche, die Intuition und das Gefühl dazu kommen, kann jede Aufgabe gelöst werden. Der Kopf alleine vermag nichts. Der Betroffene sollte seinen Gefühlen mehr Beachtung schenken, wozu ihn die Schmerzhaftigkeit seiner Krankheit ja schon zwingt. Die weibliche Seite will gestärkt werden. Es ist die Aufforderung, nach innen zu gehen und auf sein Herz zu hören.

Bindegewebsschwäche

Die Bindegewebsschwäche äußert sich in der Haut, dem Kontaktorgan des Menschen. Festigkeit und Halt sind vermindert. Ein kleiner Anstoß im Außen genügt, um einen blauen Fleck hervorzurufen. Gegen Anstöße ist der Körper besonders empfindlich. So steht die Bindegewebsschwäche für eine erhöhte Verletzbarkeit. Ich bin in mir nicht gefestigt, so daß der kleinste Anstoß von außen mich verletzt. Kritik führt sofort zu einer Verletzung. Störungen im Bindegewebe deuten deshalb auf mangelnde innere Festigkeit und mangelndes Selbstvertrauen hin.

Was ist zu tun?

Finden Sie mehr Halt in sich selbst, anstatt dem Außen so viel Bedeutung zu geben. Dann werden Sie äußeren Anstößen gegenüber weniger empfindlich. Sie sind aufgefordert, sich selbst mehr zu vertrauen. Kritik und Druck nehmen wir nur dann persönlich, wenn wir uns selbst kritisieren. Nur dann können sie uns verletzen. Selbstkritik und mangelndes Selbstvertrauen schwächen unsere innere Festigkeit. Selbstannahme und Selbstliebe machen uns stark und widerstandsfähig.

Bindehautentzündung

Die Bindehautentzündung verhindert, daß man die Dinge richtig sehen kann. Hinter jedem Nichtkönnen steht immer ein, vielleicht unbewußtes, Nichtwollen. Was wollen Sie also nicht sehen? Welchem Konflikt versuchen Sie auszuweichen, indem Sie die Augen verschließen. Jeder äußere Konflikt ist gleichzeitig immer eine innere Auseinandersetzung. Womit sind Sie nicht einverstanden, welche Realität wollen Sie nicht wahrhaben? Was wollen Sie bei sich selbst nicht annehmen?

Was ist zu tun?

Erkennen Sie, wovor Sie die Augen verschließen und fragen Sie sich, warum Sie das nicht sehen wollen. Wovor haben Sie Angst? Vertrauen Sie darauf, daß Sie mit jeder Situation fertig werden und jedes Geschehen Ihnen etwas schenken will. Öffnen Sie Ihre Augen und schauen Sie ganz ehrlich hin. Nehmen Sie sich selbst so an, wie Sie sind.

Blähungen

Blähungen signalisieren auf der körperlichen wie auch auf der geistigen Ebene, daß bestimmte aufgenommene Dinge nicht richtig verdaut werden. Es entsteht ein innerer Druck, der teilweise sehr schmerzhaft sein kann. Das Loslassen verschafft Erleichterung. Häufig entstehen Blähungen durch die Aufnahme unverträglicher Nahrung, was individuell sehr unterschiedlich sein kann, und die gleichzeitige Aufnahme verschiedener Dinge auf der geistigen Ebene. Wenn wir uns zuviel zumuten und es nicht verarbeiten können, erzeugen wir einen inneren Druck und innere Unruhe.

Was ist zu tun?

Lassen Sie den inneren Druck los, den Sie sich geschaffen haben, indem Sie sich selbst zu viel abverlangen. Dann schauen Sie, womit Sie sich überfordert haben. Verarbeiten Sie die Dinge einzeln und Schritt für Schritt und versuchen Sie nicht mehr, alles auf einmal zu erledigen. Das gilt für das Innen wie auch das Außen. Erkennen Sie, daß es nichts zu verändern gibt. Alles ist gut und vollkommen, so wie es ist. Auch Sie! Mit dieser Einstellung fällt der Druck weg, und die Dinge verändern sich und geschehen mit Leichtigkeit.

Blutdruck (hoch)

Normalerweise steigt der Blutdruck, wenn dem Körper mehr Leistung abverlangt wird. Ist die Arbeit vollendet, geht der Körper wieder in die Ruhephase und der Blutdruck senkt sich wieder. Ein anhaltender hoher Blutdruck zeigt eine ständige Leistungsbereitschaft an. Der Mensch setzt sich ständig unter Leistungsdruck und gönnt sich keine Ruhepause. Entweder er hat das Gefühl, nicht gut genug zu sein, ständig mehr schaffen zu müssen und bestimmten Erwartungen gerecht werden zu müssen oder er will gar keine Ruhephase. Er verschafft sich einen inneren Druck, weil er eine Vorstellung davon hat, wie er sein soll und wie ihn die Menschen wollen. Er erlaubt sich nicht, so zu sein, wie er ist. In Wahrheit traut er sich nicht, so zu sein, wie er ist, weil er Angst vor Ablehnung hat. Die Ruhephase vermeiden viele, weil dann die Dinge an die Oberfläche kommen, die sie nicht fühlen wollen. Unverarbeitete Situationen, Probleme, Ängste fordern ihre Aufmerksamkeit. Diese Gefühle nicht zu wollen und die Angst, mit ihnen vielleicht nicht fertig zu werden, treibt viele Menschen in die Leistungsphase. Sie stehen unter Dauerdruck.

Was ist zu tun?

Wenn Sie bereit sind, etwas zu ändern, dann konfrontieren Sie sich mit der Ruhe. Planen Sie jeden Tag eine gewisse Zeit für sich ein, in der Sie nichts tun, was Sie geistig ablenkt. Keine Zeitung lesen, nicht saubermachen oder fernsehgucken, aber auch nicht schlafen. Gehen Sie spazieren oder machen Sie es sich gemütlich und spüren Sie in sich hinein. Dann wird sich Ihnen alles zeigen, was Sie ständig in diesen Leistungsdruck bringt. Sie sind aufgefordert, sich selbst anzunehmen wie Sie sind, mit all Ihren Gefühlen und scheinbaren Schwächen. Lassen Sie Ihre Vorstellungen los, wie Sie sein sollten und haben Sie den Mut, sich selbst zu leben und zu lieben.

Blutdruck (niedrig)

Der anhaltende niedrige Blutdruck zeigt, daß das Verhältnis zwischen Aktivität und Passivität nicht stimmt. Man befindet sich in einem andauernden Zustand des Unterdrucks. Der Körper zeigt, daß man keinen Druck will. So fühlt sich der Betroffene ständig müde, schwach und kann sich nicht konzentrieren. Der Mensch mit niedrigem Blutdruck weicht allen Situationen aus, die Druck verursachen können. Er entzieht sich Konflikten, Auseinandersetzungen und Problemen soweit es ihm möglich ist, notfalls bis zur Ohnmacht. Die Ursache dafür kann in seiner Vorstellung von Harmonie liegen, die keinerlei Druck, Streit oder Schwierigkeit duldet, oder aber in seiner Angst, mit einem Problem nicht fertig werden zu können. Mangelndes Selbstvertrauen läßt ihn in der Passivität verharren.

Was ist zu tun?

So wie dem Körper jegliche Aktivität bei zu niedrigem Blutdruck guttut, so ist es auch im geistigen Bereich, wo ja letztendlich die Ursache für die körperlichen Erscheinungen liegt. Erkennen Sie, daß Sie in Wahrheit Ihren Konflikten aus dem Weg gehen, und entscheiden Sie sich, ob Sie dieses ändern wollen, um damit auch Ihre körperlichen Beschwerden zu heilen. Mit dieser Entscheidung wird Ihnen bewußt, daß es Ihr mangelndes Vertrauen in Ihre eigenen Fähigkeiten ist, das Sie in die Passivität führte. Keine Aufgabe oder Schwierigkeit, mit der Sie konfrontiert werden, ist größer als Ihre Fähigkeit, sie zu lösen. Tasten Sie sich Schritt für Schritt vorwärts und stellen Sie sich zuerst den kleineren Problemen, damit Ihr Selbstvertrauen wachsen kann. Sie erkennen, daß keine Aufgabe zu groß für Sie ist.

Depression

Abhängig von Intensität und zeitlicher Dauer kann die Depression von den verschiedensten Krankheitsbildern begleitet werden. Verdauungsstörungen, Herz- und Kreislaufschwierigkeiten und Kopfschmerzen sind die häufigsten körperlichen Symptome. Der Gemütszustand ist von Antriebsschwäche, leichter Niedergeschlagenheit bis hin zur völligen Teilnahmslosigkeit und Selbstmordgedanken geprägt. Charakteristisch ist die mangelnde Lebensfreude, die in gewissem Maße wohl jeder schon mal kennengelernt hat. Bei der Depression hält dieser Zustand an, der Betroffene ist sehr pessimistisch und hat wenig Hoffnung, daß der Zustand vorübergeht. Er wirkt ängstlich und verzweifelt. Innerlich wehrt er sich gegen diesen Zustand.

Der Depressive ist bedrückt. Entweder er unterdrückt etwas, was gelebt werden will, oder er setzt sich selbst unter Druck. Das kann sich dann natürlich in den Lebensumständen zeigen, wenn scheinbar alles einen Druck auf ihn ausübt. Letztendlich erlaubt sich der Depressive nicht, so zu leben, wie er es eigentlich will. Das raubt natürlich die Lebensfreude. Seine Vorstellungen und Bewertungen, was gut und was nicht gut ist, hindern ihn teilweise daran seinen Gefühlen und Wünschen nachzugehen. Häufig ist es auch die Angst, das gewünschte Ziel nicht erreichen zu können und zu versagen, so daß er es gar nicht probiert, um sich den Frust zu ersparen. Die meisten erkennen aber nicht, daß es ihr mangelndes Selbstvertrauen ist. Sie geben die Verantwortung lieber an die äußeren Lebensumstände oder an nicht zu verändernde Eigenschaften ab, damit sie sich als Opfer fühlen können. Für viele ist dies leichter, als zuzugeben, daß sie alles selbst verursachen.

Was ist zu tun?

Lebensfreude hat man nur, wenn man das tut, was einem Freude macht und einen erfüllt. Fragen Sie sich, was Sie gerne tun würden, was Sie sich wirklich für Ihr Leben wünschen. Wenn Sie dann hinschauen, was Sie daran hindert, werden Sie erkennen, daß es Ihre Ängste sind und das mangelnde Vertrauen, dieses wirklich erreichen zu können. Vergessen Sie nicht, daß Ihnen niemals ein Wunsch gegeben wird, den Sie nicht auch erreichen können. Eine Sehnsucht in sich zu tragen mit dem Gefühl, das Gewünschte niemals erreichen zu können, muß Depressionen hervorrufen. Das ist aber nicht der Wille der Schöpfung, die wirklich freie Wesen geschaffen hat, damit sie glücklich sein können. Mit diesem Vertrauen brauchen Sie sich nicht mehr gegen die Depression zu wehren, was sie nur verschlimmert. Lassen Sie sich in die Depression hineinfallen. Sie hilft Ihnen, die Hindernisse zu beseitigen, damit Sie wieder als freies Wesen und mit Freude Ihr Leben gestalten.

Diabetes

Diabetes wird auch Zuckerharnruhr genannt. Noch treffender ist der Ausdruck „Zuckerdurchfall", da der Körper bei dieser Erkrankung nicht mehr in der Lage ist, den Zucker zu verarbeiten. Aus Zucker wird Energie für den Körper gewonnen. Bei Diabetes wird er ins Blut aufgenommen und kann dann wegen des fehlenden Hormons Insulin nicht in die Zellen aufgenommen werden. Zucker ist das Symbol für die Liebe. Mit Süßigkeiten wird der Liebesmangel kompensiert. In diesem Fall wird die Liebe aufgenommen, steht aber dem Wesen nicht als Lebensenergie zur Verfügung. Es kann sie nicht richtig verwerten. Der Zuckerkranke verträgt Zuwendung und Liebe nicht, obwohl er sich danach sehnt. Unbewußt lehnt er die Liebe ab, weil er glaubt, sie nicht verdient zu haben. Er liebt sich selbst nicht und ist nicht in der Lage, Liebe anzunehmen.

Was ist zu tun?

Fragen Sie sich einmal, ob Sie die uneingeschränkte Liebe des Lebens verdient haben, ob es Ihnen zusteht, daß alle Ihre Wünsche in Erfüllung gehen. Sind Sie liebenswert, so wie Sie sind, oder müßten sich da noch einige Dinge verändern? Finden Sie die Liebe zu sich selbst. Erkennen Sie, daß Sie nichts verändern müssen, daß Sie vollkommen sind. Kinder werden im allgemeinen geliebt, weil sie nicht kritisieren, obwohl ihnen nicht alles gelingt. Sie bewerten es selbst nicht, stehen wieder auf, weinen vielleicht eine zeitlang oder lachen und machen einfach weiter. Wir lieben sie, weil sie sich selbst lieben. Geistig sind wir alle Kinder, nur mit dem Unterschied, daß wir uns bewerten und kritisieren. Es ist genau so unsinnig, wie wenn wir ein Kind verurteilen würden, weil es auf die heiße Herdplatte gefaßt hat. Erkennen Sie, daß es nichts zu kritisieren gibt, weder bei einem anderen noch bei Ihnen. So werden Sie die Liebe zu sich finden und damit zu allem, was ist.

Dickdarmentzündung

Unter Schmerzen hat der Betroffene blutig schleimige Durchfälle. Er gibt Teile seines Körpers an die Umgebung ab. Der Kolitis-Kranke steht nicht zu sich selbst, er gibt seine Haltung, seine Einstellung unter Schmerzen auf. Er tut dieses nicht gerne, sondern vielmehr aus einer Angst heraus. Im allgemeinen ist es die Angst vor Ablehnung oder die Angst, einen Fehler zu machen, die ihn dazu bewegt, Teile von sich aufzugeben, anstatt daran festzuhalten.

Was ist zu tun?

In welchen Bereichen Ihres Lebens zweifeln Sie an sich selbst? Wo fehlt Ihnen die Kraft, zu sich zu stehen? Wo passen Sie sich an andere an? Wenn Sie erkennen, daß die Ursache im mangelnden Selbstvertrauen liegt, dann können Sie auch Ihre Ängste erkennen, die Ihrem Verhalten zugrunde liegen. Schauen Sie, vor welchen möglichen Folgen Sie Angst haben, wenn Sie zu sich stehen würden. Viele denken, daß Sie abgelehnt werden, wenn Sie sich selbst leben, dabei ist es genau umgekehrt. Alle Menschen, die sich nicht trauen, fühlen sich von solchen Menschen, die den Mut haben, zu sich zu stehen, angezogen.

Durchfall

Beim Durchfall verliert der Körper viel Flüssigkeit, verliert an körperlicher und geistiger Flexibilität. Außerdem wird die aufgenommene Nahrung nicht vollständig verdaut. Ein Teil wird unverarbeitet wieder ausgeschieden, wobei nützliche Nahrungsinhalte ungenutzt bleiben. Durchfall zeigt, daß wir uns mit bestimmten Dingen nicht auseinandersetzen wollen. Angst, damit nicht klar zu kommen oder die Vorstellung, daß es nicht gut für uns ist, steht in der Regel dahinter. Das, was man erlebt hat, wird nicht richtig verdaut, man spült es lieber weg, was aber mit einem Verlust an Flexibilität verbunden ist. Der chronische Durchfall zeigt, daß man sich mit dem Leben nicht auseinandersetzen will. Dafür gehen einem aber auch viele nützliche Dinge verloren.

Was ist zu tun?

Wie für den Körper auch, sollten Sie sich zu Anfang nur mit leicht verdaulichen Situationen konfrontieren, um sich langsam wieder für den Umgang mit dem normalen Alltag vorzubereiten. Stellen Sie sich also den kleineren Problemen zuerst, um wieder an Selbstvertrauen zu gewinnen. Mit jeder weiteren Auseinandersetzung wird Ihr Selbstvertrauen wachsen und gleichzeitig Ihre Angst, einer Sache nicht gewachsen zu sein, immer weniger werden. Es kann richtig Spaß machen, an seinen Aufgaben zu wachsen.

Erkältung

Eine Erkältung betrifft in erster Linie die Atmungsorgane. Über die Atmung stehen wir in Kontakt mit unserer Umwelt. Bei einer Erkältung ist dieser Kontakt gestört. Entweder können wir den anderen nicht mehr riechen, weil wir die Nase voll haben oder wir können mit einem geschwollenen Hals nicht mehr reden und uns mitteilen. Daß es ein Kontaktproblem ist, zeigt auch die Tatsache, daß wir uns meistens bei jemand anderem anstecken. Der andere macht uns krank. Das Verhältnis zwischen innerer und äußerer Kommunikation ist im Ungleichgewicht.

Was ist zu tun?

Das, wozu uns die Krankheit zwingt, sollten wir beachten und annehmen. Wenn wir nicht mehr reden können, oder uns das Fieber und die körperliche Schwäche Ruhe verordnen, dann sollten wir das akzeptieren und uns aus dem Alltag zurückziehen. Es ist die Aufforderung, Kräfte zu sammeln und nach innen zu schauen. Die äußerliche Kommunikation ist gestört, damit die innere wieder gepflegt wird.

Frigidität

Eine erfüllte Sexualität kann man nicht machen, man kann sie nur geschehen lassen. Ehrlich die Gefühle zu leben und seinen Bedürfnissen Ausdruck zu verleihen, ist Hingabe an das eigene Selbst. Moralvorstellungen, wie man sein darf, was erlaubt und was schmutzig ist, stehen dem im Wege. Mit jeder Selbsteinschränkung kann man auch nur eine eingeschränkte Befriedigung erleben. Hinter allen sexuellen Problemen steht das Unvermögen, wirklich loslassen zu können. Das gilt für alle Vorstellungen und Bewertungen, aber auch für alle Probleme oder sonstigen Ereignisse, die die Aufmerksamkeit ablenken. Es ist die Angst, sich ganz einzulassen, sich mit allem ganz ehrlich und total zu zeigen.

Was ist zu tun?

Prüfen Sie, was Sie davon abhält, sich ganz offen mit Ihren Bedürfnissen und sexuellen Problemen zu zeigen. Sprechen Sie mit jemandem darüber, damit Sie erkennen, daß Sie dafür keine Ablehnung erfahren, sondern Verständnis und Hilfe. Stellen Sie sich Ihrer Angst, sie will überwunden werden, damit Sie freier und glücklicher werden.

Gallenstörungen

Die Gallenflüssigkeit dient dem Körper dazu, Giftstoffe auszuscheiden und bei der Aufschließung der Nahrungsbestandteile mitzuwirken. Gallenstörungen stehen für den gestörten Umgang mit Aggressionen. Wenn angestaute Aggressionen rausplatzen, spricht der Volksmund treffend von einem Überlaufen der Galle. Aggression ist für unser Leben sehr wichtig und bezeichnet ein sehr kraftvolles Vorgehen. Die Galle ist aggressiv in ihrer Wirkung, aber sehr wichtig, genau wie die Salzsäure in unserem Magen. Ohne diese Wirkung der Galle könnten wir die Nahrung nicht richtig verwerten. Nur ein kraftvoller Umgang mit Schwierigkeiten, Konflikten und Problemen verspricht eine effektive Verarbeitung. Lassen wir diese Kraft aber nicht zu, weil wir Angst davor haben, dann staut sie sich an, zerstört uns innerlich, um dann unkontrollierbar hervorzubrechen und wirkliche Zerstörung anzurichten. Gallensteine sind konzentrierte, zu Stein gewordene Aggressionen. Die Angst vor Ablehnung ist die häufigste Ursache für die Unterdrückung der eigenen Aggression.

Was ist zu tun?

Nutzen Sie Ihre Kraft! Wenn sie sich bemerkbar macht, dann will sie auch genutzt werden. Sie ist Ihnen eine große Hilfe, vertrauen sie darauf. Wenn Ihnen mal nach einem lauten Wort zumute ist, dann lassen Sie es geschehen. Sie werden merken, wie befreiend es ist. Solange Sie dabei Ihre Gefühle zum Ausdruck bringen, werden Sie auch keinen damit verletzen. Sie können sowieso keinen verletzen, sie können höchstens Auslöser dafür sein, daß ein anderer sich selbst verletzt. Viele Menschen werden Ihnen aber dankbar sein, da sie sich durch Ihr Verhalten motiviert fühlen, ihrer Kraft ebenfalls mehr Raum zu geben.

Gicht

Bei dieser Erkrankung lagert sich Harnsäure aus dem Blut in kristalliner Form in den Gelenken ab. Anstatt sie ausgeschieden zu werden, führt sie unter Beteiligung von Gelenkschmerzen zu Gelenkentzündung. Es kommt zu den bekannten Gicht-knoten und Beweglichkeitseinschränkungen bis hin zur Gelenkversteifung. Der Körper wird unflexibel. Im übertragenen Sinne bedeutet dies, daß der Erkrankte an Dingen festhält, die er loslassen sollte. Das, was er festhält macht ihn sauer, wie die Harnsäure den Körper, und zeigt seine Unflexibilität im Geiste. Er kann bzw. will die Vergangenheit nicht loslassen und hat oft Schwierigkeiten, den Umständen oder anderen Menschen zu verzeihen. Dahinter steht immer das Problem der Selbstanklage und das Unvermögen, sich selbst verzeihen zu können.

Was ist zu tun?

Machen Sie sich bewußt, daß hinter jeder Kritik immer die Selbst-kritik steht. Schauen Sie, wem oder was Sie nicht verzeihen können, was Sie immer wieder beschäftigt. Finden Sie die Hintergründe, was genau Sie sich so verhalten läßt, damit Sie erkennen, was Sie sich selbst nicht verzeihen wollen. Es gibt keine Schuld, Sie haben nie etwas Falsches getan, sondern immer Ihr Bestmögliches.

Gürtelrose

Durch eine Entzündung der Rückenmarksnerven kommt es, meist halbseitig, im unteren Brustbereich zur Hauterkrankung. Diese äußert sich in schmerzenden Bläschen. Die Haut ist das Kontaktorgan des Menschen, sie symbolisiert die äußere Grenze, mit der wir mit unserer Außenwelt in Berührung kommen. Die Nerven stehen für die Verbindung des Äußeren mit dem Inneren, unseres Körpers mit unserer Seele. Der Kranke braucht und sucht Kontakt, aber Angst oder mangelndes Selbstvertrauen hält ihn zurück.

Was ist zu tun?

Beobachten Sie, wo Ihre Grenzen im Kontakt zu Ihren Mitmenschen liegen. Was würden Sie gerne tun, wie sähe dieser Kontakt idealerweise aus? Welche Verbindungen möchten Sie haben? Wie weit weicht Ihre Realität von diesem gewünschten Zustand ab? Vermutlich besteht hier eine große Kluft, nach deren Ursachen Sie jetzt forschen sollten. Seien Sie sich dabei bewußt, daß die Ursache letztendlich immer bei Ihnen liegt. Das gibt Ihnen auch die Möglichkeit, die Dinge zu verändern.

Haarausfall

Haarausfall kann körperlich wie geistig mehrere Ursachen haben. Als Symbol für Vitalität sollte man sich als Betroffener immer fragen, wie es um die eigene Lebendigkeit steht. Gleichzeitig sind die Haare auch das Symbol für unsere geistigen Antennen, d.h. für unsere Verbindung mit unserem höheren Selbst. Verstandesbetonte Menschen haben hier meist einen wenig ausgeprägten Kontakt. Sie verlassen sich lieber auf ihren Kopf und brauchen daher ihre Antennen weniger. Deshalb leiden Männer häufiger unter Haarausfall als Frauen. Bei Haarausfall sollte man auch an eine überfällige geistig-seelische Mauserung denken. Die Haare gehören zur Haut und diese erneuert sich immer wieder. Die Häutung der Schlange, das Winter- und Sommerfell vieler Tiere zeigen den Zusammenhang zwischen den Haaren, der Haut und der Entwicklung. Haarausfall deutet hier auf eine überfällige Entwicklung hin. Die alte Haut bzw. die alten Haare wurden noch nicht losgelassen.

Was ist zu tun?

Wenn Sie ein Kopfmensch sind und unter Haarausfall leiden, dann heißt die Aufforderung, die Intuition zu schulen, anstatt alle Probleme und Aufgaben im Kopf lösen zu wollen. Schauen Sie auch, wo Sie an Altem festhalten, anstatt es loszulassen, damit für Neues Platz gemacht wird. Man hat festgestellt, daß Weizenkeime, Sonnenblumenkerne, Samen und Nüsse bei Haarausfall hilfreich sind. Symbolisch stehen sie alle für Veränderung und Wachstum, tragen sie doch den Keim des Lebens in sich.

Hautausschlag

Beim Hautausschlag will etwas die äußere Grenze durchbrechen. Es kommt von innen heraus und will sich ausdrücken. Meistens ist es mit Juckreiz verbunden und verlangt so ständig die Aufmerksamkeit. Es läßt sich nicht verdrängen. Im Gegenteil, je stärker man sich kratzt, um es loszuwerden, um so stärker juckt es. Wenn das Innere nicht freiwillig ausgedrückt wird, dann zeigt der Körper diese Haltung und macht uns gleichzeitig diese Unstimmigkeit schmerzlich bewußt. Er fordert uns auf, alle Gefühle und Wünsche zum Ausdruck zu bringen. Tun wir das nicht, sucht er sich einen anderen Ausgang. In Phasen der menschlichen Entwicklung werden wir immer wieder mit Neuem konfrontiert. Jugendliche kommen in der Pubertät zum ersten Mal mit ihrer eigenen Sexualität in Berührung und wissen meistens nicht damit umzugehen. Aus Angst lassen sie diese neuen Gefühle nicht zu, die sich dann einen Weg über die Pubertätsakne suchen. Auf diese Weise wird der Jugendliche gezwungen, sich mit dem Neuen auseinanderzusetzen.

Was ist zu tun?

Fragen Sie sich, was aus Ihnen heraus will, welche Bedürfnisse Sie haben, die Sie sich nicht erlauben, oder wovor Sie Angst haben. Was ist es, was Sie ständig juckt und reizt? Die blockierende Energie ist immer eine Angst vor dem Unbekannten. Wenn überhaupt, können wir nur das kontrollieren, was uns bekannt ist, aber nicht etwas, das neu für uns ist. Die Angst vor dem Unbekannten und die Unsicherheit, ob man damit fertig wird, gilt es loszulassen. Vertrauen Sie dem Leben. Alles, was geschieht, dient Ihrer Entwicklung zu mehr Freiheit und Glück.

Heiserkeit

Die Stimme ist das Hauptmittel der Kommunikation. Sie vermittelt nicht nur bewußte Inhalte, indem sie das übermittelt, was man zu sagen wünscht, sondern gibt uns viele andere Informationen über den Stimmträger. Die Stimmung kann man leicht aus der Stimme heraushören. Bei der Heiserkeit sind die Stimmbänder gereizt. Dieses geschieht dann, wenn die Stimme nicht der eigentlichen Stimmung entspricht. Entweder weil man sich zurückhält und nicht losbrüllen will, obwohl einem danach ist, oder weil man redet und redet, anstatt zu schweigen. Gereizte Stimmbänder entsprechen einer gereizten Stimmung. Viele Menschen glauben, daß Brüllen oder Schreien etwas Primitives sei und einem reifen Menschen nicht entspricht. Wer nicht das Bedürfnis dazu hat, der soll auch nicht künstlich seine Stimme erheben. Wer aber innerlich brodelt und dieses zurückhält, ist einfach nicht authentisch. Er gibt seinem wahren Sein keinen Ausdruck. Auch hier ist es die Angst vor Ablehnung, die in der Regel dahintersteht.

Was ist zu tun?

Nutzen Sie Ihre Stimme, um Ihre Stimmung ehrlich zum Ausdruck zu bringen, dann wird es Ihnen weder die Sprache verschlagen noch Ihre Stimmbänder reizen. Das bedeutet auch zu schweigen, wenn einem nach Schweigen zumute ist.

Herpes simplex (Fieberbläschen)

Obwohl nahezu alle den Herpes-Virus beherbergen, tritt die Erkrankung nur gelegentlich auf. Manche haben gar nichts damit zu tun, während bei anderen immer wieder die typischen, kleinen, flüssigkeitsgefüllten Bläschen auftauchen. Allein das ist schon der Beweis, daß der Virus nicht wirkliche Ursache ist. Die Bläschen treten bevorzugt an den Lippen auf, welche die Eingangspforte des Menschen sind. Sie symbolisieren den Ekel und die Ablehnung gegen die Aufnahme ganz bestimmter Dinge. So treten sie immer dann auf, wenn man mit einem Thema konfrontiert wird, dem man am liebsten ausweicht. Gleichzeitig wird eine innere Aggression deutlich, die unterdrückt wird und sich über die Bläschen zeigt. Probleme in der Sexualität stehen oft dahinter. Herpes im Genitalbereich macht dieses besonders deutlich, wobei auch hier wieder der Aspekt des Sichöffnens und Hereinlassens berücksichtigt werden sollte.

Was ist zu tun?

Beobachten Sie, in welchem Zusammenhang die Bläschen bei Ihnen auftreten. Je genauer Sie das tun, um so deutlicher wird Ihnen, wovor Sie sich ekeln, was Sie ablehnen. Wenn Sie glauben, daß es äußerliche Einflüsse sind, dann seien Sie sicher, daß sie Ihnen nur widerspiegeln, was Sie an sich selbst ablehnen. Sie sind aufgefordert, sich mit all Ihren Gedanken, Wünschen und Gefühlen auszusöhnen. Erlauben Sie sich alle sexuellen Bedürfnisse - es gibt nicht Unreines, es sei denn Sie machen es dazu.

Herzprobleme

Seit jeher ist das Herz das Symbol für die Liebe. Die Kraft, die uns unser ganzes Leben antreibt. So wie das Herz für den Körper der Motor ist, so ist die Liebe der Motor unseres wahren Seins. Ohne Liebe können wir nicht leben. Das Herz trägt die Lebenskraft in alle Bereiche. Das Herz läßt sich willentlich nicht steuern, es ist mit unserem Kopf nicht zu beeinflussen. Genausowenig können wir die Liebe kontrollieren. Wie eng das Herz mit unseren Gefühlen verbunden ist, zeigen viele Ausdrücke und Redewendungen unserer Sprache: Das Herz hüpft vor Freude, oder es schnürt sich aus Angst zusammen. Es liegt uns etwas auf dem Herzen, oder das Herz lacht. Wir sprechen vom kaltherzigen, herzlosen und warmherzigen Menschen.

Vor allem reagiert unser Herz in seinem Rhythmus sehr stark auf emotionale Bewegungen. Alle Störungen des Herzens beruhen auf dem Nichtbeachten unser wahren Gefühle. Beim Herzinfarkt sterben Bereiche des Herzens wegen mangelnder Blutversorgung ab und gefährden das Leben. Es ist ein fortgeschrittenes Stadium und eine ausdrückliche Warnung, sein Herz zu beachten. Wer nicht auf sein Herz hört, den macht das Herz auf sich aufmerksam. Nur die Angst ist es, die viele davon abhält, ihrem Herzen zu folgen. Sie haben Vorstellungen und Überzeugungen, die es ihnen nicht erlauben, ihren wahren Wünschen Raum zu geben, damit sie Realität werden können. Die Liebe, unser wahres Wesen, will uns genau dorthin führen, wo uns unsere tiefste Sehnsucht hinzieht. Unser Kopf weiß aber nicht, wie man dahin kommt. Deshalb läßt sich unser Herz, die Liebe, nicht von dem Kopf beeinflussen, und das ist auch sehr gut so. Das mangelnde Vertrauen in die Liebe läßt viele zögern, den Weg des Herzens zu gehen.

Was ist zu tun?

Bei allen Herzproblemen sollten Sie zuerst einmal eine Bestandsaufnahme Ihres Lebens machen. Was tun Sie alles, was tun Sie nicht, was möchten Sie gerne verändern, was wünschen Sie sich wirklich usw.? Wenn Sie dieses ganz offen und ehrlich tun und dabei alle „wenn" und „aber" beiseite lassen, dann wird Ihnen wahrscheinlich bewußt werden, daß Ihr derzeitiges Leben nicht mit dem übereinstimmt, was Sie wirklich wollen. Machen Sie sich bewußt, was Sie sich wirklich wünschen, erlauben Sie sich zu träumen. Schenken Sie Ihren wahren Bedürfnissen und Ihren wirklichen Gefühlen Beachtung, hören Sie wieder auf Ihr Herz. Erkennen Sie, daß es Ihr mangelndes Vertrauen ist, das Sie bis heute davon abgehalten hat. Jedes Herzproblem ist die Aufforderung, sein wahres Wesen, sich selbst, zu lieben - seinem Herzen zu folgen.

Impotenz

Die Ursachen für die Impotenz sind in den seltensten Fällen organisch bedingt. Gerade in der Sexualität wird der Einfluß der Psyche auf den Körper sehr deutlich. Die unbewußte Ablehnung der Partnerin kann eine Ursache sein, hinter der sich manchmal auch eine generelle Ablehnung des Weiblichen verbirgt. Genauso kann die Angst vor der eigenen Kraft, also der männlichen Komponente, die Ursache für die Impotenz sein. Schuldgefühle, etwas Schmutziges oder etwas Unmoralisches zu tun, stehen dem Mann in der Sexualität genauso im Wege wie der Frau. Am häufigsten liegt das Problem aber in dem Leistungsdruck, dem sich viele Männer unterwerfen. Überall kann er hören, lesen und sehen, wie ein toller Liebhaber sein soll. Hier spiegeln sich seine eigenen Minderwertigkeitskomplexe und Vorstellungen von einem perfekten Mann wider. Er meint, seiner Partnerin, und damit eigentlich sich selbst, etwas beweisen zu müssen. Dieser Druck bzw. die Angst zu versagen, die dahinter steht, zieht genau das an, was er auf keinen Fall will und ablehnt: Er versagt.

Was ist zu tun?

Vor allem ist es wichtig, die Überzeugung zu erkennen, die zu der Impotenz führt. Erst wenn Sie sich erlauben, auch einmal zu versagen und erkennen, daß es etwas ganz Normales ist, können Sie Ihre Angst davor loslassen. Vielleicht wird es Ihnen dann nie wieder passieren, aber selbst wenn, ist es für Sie dann ja kein Problem mehr. Sprechen Sie mit Ihrer Partnerin über Ihre Wünsche, Gefühle und Probleme. Eine erfüllte Sexualität werden Sie nur erleben, wenn Sie sich vertrauensvoll fallen und gehen lassen können. Lassen Sie alle Ihre Vorstellungen los, wie es sein sollte, und lassen Sie sich ganz von Ihren Gefühlen leiten. Das macht die körperliche Liebe so faszinierend und gibt ihr immer wieder neue Ausdrucksformen.

Infektionen (allgemein)

Jede Infektion ist eine Auseinandersetzung in unserem Körper, ein kleiner Krieg, der durch kleine Erreger entflammt wird. Das vorhandene Ungleichgewicht entzündet sich und es kommt zu einer heftigen Reaktion. Die Abwehrschwäche, die den meisten Infektionen vorausgeht, steht für das psychische Ungleichgewicht. Erst dann kann es zu einer Entzündung kommen. Wer Auseinandersetzungen ausweicht, bekommt dieses auf der körperlichen Ebene bewußt gemacht. Jede Infektion zeigt, daß ein psychischer Konflikt nicht gelöst wurde. Häufig hilft die Erkrankung, das Problem auf allen Ebenen zu lösen. Sie zwingt uns zur Ruhe, in der sich der Konflikt deutlich zeigt und man der Auseinandersetzung nicht aus dem Weg gehen kann. Welcher Konflikt dahintersteht, verrät das Organ bzw. Körperteil, in dem die Entzündung lokalisiert ist. Bei einer akuten Entzündung steht auch ein aktuelles Problem dahinter, während ein chronisches Geschehen ein anhaltendes ungelöstes Problem anzeigt.

Was ist zu tun?

Wenn Sie sich dem Konflikt nicht freiwillig stellen, wird der Körper Sie weiterhin schmerzhaft darauf aufmerksam machen. Nehmen Sie sich einfach etwas Zeit und Bereitschaft, das Problem wirklich anzuschauen. Fragen Sie sich selbst, in welchen Bereichen Ihres Lebens es nicht stimmig ist, und machen Sie sich dabei auch bewußt, warum Sie dem Konflikt bisher ausgewichen sind. Letztlich ist es immer eine innere Auseinandersetzung, wie es die Entzündung ja schon zeigt, die sich natürlich in den äußeren Lebensumständen widerspiegeln kann.

Juckreiz

Juckreiz haben wir meistens an der Hautoberfläche, dem Kontaktorgan des Körpers. Etwas, das herausgelassen werden will, macht auf sich aufmerksam. Der Juckreiz fordert uns auf, das Verdrängte endlich an die Oberfläche zu lassen. Wir kratzen uns am Kopf, wenn wir eine Lösung auftauchen lassen wollen, und so fordert uns der Juckreiz auf, Ungewolltes endlich zuzulassen. Das Kratzen steht symbolisch für Graben oder Scharren, mit dem man etwas an die Oberfläche holt. Ein Thema juckt mich. Es läßt mich nicht kalt, was durch den brennenden Schmerz des Juckreizes deutlich wird.

Was ist zu tun?

Der Reiz fordert auf, sich so lange mit dem Problem zu beschäftigen und so lange nach einer Lösung zu suchen, bis man sie gefunden hat. Der Juckreiz läßt nicht nach und wird sogar noch schlimmer, wenn ich ihm nur auf der körperlichen Ebene entgegentrete. Er fordert mich damit auf, woanders nach der Lösung zu suchen: im Bewußtsein.

Karies

Karies nimmt den Zähnen ihre Festigkeit, sie verlieren an Härte. Diese brauchen die Zähne aber, um die Nahrung zerkleinern zu können und sie für die weitere Verdauung vorzubereiten. Mangelnde Festigkeit der Zähne zeigt uns, daß es uns an Festigkeit des Willens fehlt. Man ist nicht bereit, sich mit den Problemen auseinanderzusetzen, Härte zu zeigen und Widerstand zu leisten. Wenn wir unsere Möglichkeiten nicht nutzen und Schwierigkeiten aus dem Weg gehen, dann spiegelt uns das der Körper wider, indem er sein Potential, die Dinge zu verarbeiten und sich durchzubeißen einbüßt: Karies. Nun kann nur noch leichte Kost aufgenommen werden. Probleme und Schwierigkeiten können nicht mehr verarbeitet werden.

Was ist zu tun?

Wenn Sie erkannt haben, daß Ihre Zahnprobleme auf Ihren Umgang mit Konflikten zurückzuführen sind, dann wissen Sie, was zu tun ist. Beißen Sie sich durch. Es gibt keine Aufgabe und kein Problem, das nicht zu lösen ist. Finden Sie die Überzeugungen und Ängste in Ihrem Bewußtsein, die Sie bis heute daran gehindert haben, sich durchzubeißen. Fangen Sie mit kleineren Aufgaben an, denen Sie bisher aus dem Weg gegangen sind, und stärken Sie so Ihr Selbstvertrauen. Ihr Körper wird Sie mit Gesundheit und Durchsetzungsvermögen belohnen.

Knochenbrüche

Der Knochen ist nach den Zähnen die härteste Substanz im Körper. Er gibt dem Körper Form und Halt und ermöglicht seine vielfältigen Bewegungen. Bis zu einem gewissen Grad ist er elastisch und paßt sich den veränderten Anforderungen an. Ein Knochenbruch symbolisiert den Bruch einer alten Situation. Auch wenn er durch eine scheinbare äußere Einwirkung zustande kommt, bezieht er sich immer auch auf innere Zusammenbrüche. Wenn wir uns innerlich zu sehr versteift und unsere Flexibilität eingebüßt haben, dann brechen wir schneller zusammen. Im Alter werden viele Menschen zunehmend unflexibler. Das zeigt sich im Körper, indem die Knochen an Elastizität verlieren und damit wesentlich brüchiger werden. Der innere Halt geht verloren. Der Knochenbruch zwingt uns erstmal zur Ruhigstellung. Das Weitermachen in alter Form ist vorerst nicht möglich. Die Ruhe gibt die Möglichkeit, sich der brüchigen Verhältnisse bewußt zu werden.

Was ist zu tun?

Folgen Sie der Aufforderung Ihres Körpers, nicht mit dem Alten wie gewohnt weiterzumachen. Erkennen Sie, wo Sie unflexibel reagieren und in welchem Bereich Ihres Lebens ein Bruch notwendig wurde. Machen Sie sich die Hintergründe Ihrer zögernden und unflexiblen Vorgehensweise bewußt, und folgen Sie dann mutig und voller Vertrauen Ihrer inneren Stimme.

Kopfschmerz (Migräne)

Die akuten Kopfschmerzen zeigen uns, daß wir im Moment zuviel im Kopf sind und nicht auf unsere Gefühle hören. Wir versuchen, Schwierigkeiten und Probleme im Kopf zu lösen, anstatt unser Herz zu fragen. Die Vorstellung, wie etwas sein soll, ist stärker als das Vertrauen in die eigenen Gefühle. So grübeln und denken wir, bis die Leitung heiß läuft. Der Kopfdruck zeigt, wie sehr man sich unter Druck setzt, um seinen Vorstellungen und Ansprüchen gerecht zu werden. Perfektionsdrang hört nicht auf die Gefühle, sondern verfolgt seine Vorstellungen. Alle diese Ansprüche, Gedanken und Vorstellungen entstehen im Kopf, sie sind Produkte unseres Verstandes. Unseren Druck schaffen wir also im Kopf, so ist es kein Wunder, daß der Körper dieses zum Ausdruck bringt. Die Kopflastigkeit wird bald zur schmerzhaften Last. Chronische Kopfschmerzen, die immer wieder auftauchen, sind Ausdruck eines ständigen Druckes, unter dem sich der Betroffene befindet. Er macht sich diesen Druck aber selber, indem er sich gegen seine Gefühle wehrt und versucht, das Problem auf der Kopfebene zu lösen und wegzureden.

Verdrängte Sexualität ist häufig als Ursache zu finden. Um sich mit diesem oder anderen Problembereichen, seinen Gefühlen und wahren Bedürfnissen nicht auseinandersetzen zu müssen, versucht man, sie intellektuell zu bearbeiten. Man schafft sich Meinungen und Bewertungen, um seine Handlungsweise zu rechtfertigen. Das dieses nicht funktioniert, zeigt der Kopfschmerz. Der Verstand ist ein sehr wichtiges Werkzeug, aber er sollte niemals zum Direktor werden. Das Herz, der Sitz der Liebe, ist unser wahres Zentrum. Nur unter der Führung des Herzens werden wir glücklich und in Frieden leben.

Was ist zu tun?

Bringen Sie Kopf und Herz wieder ins Gleichgewicht. Lassen Sie die Vorstellungen los, wie Sie sein sollen oder was Sie zu tun haben. Wenn Sie sich nicht mehr unter Druck setzen, dann werden Sie auch keinen Kopfdruck mehr haben. Hören Sie auf, danach zu leben, wie es andere vielleicht von Ihnen erwarten. Ihr Herz und Ihre Gefühle sagen Ihnen, was Sie wirklich wollen, und verhelfen Ihnen dazu, wirklich glücklich zu werden.

Krampfadern

Krampfadern fehlt die nötige Spannung, wodurch sie ihre Aufgabe, das Blut in Fluß zu halten, nicht optimal gewährleisten. Der Lebensfluß ist beeinträchtigt, es kommt zu Stauungen und Verkrampfungen. Krampfadern deuten auf eine innere verkrampfte und versteifte Haltung. Flexibilität und innere Spannkraft fehlen.

Was ist zu tun?

Damit die Lebensenergie ungestört fließen kann, sollten Sie sich Veränderungen schnell anpassen können. Dazu ist eine gewisse Flexibilität nötig. Gleichzeitig müssen Sie die Lebensenergie aber auch ausrichten, wenn Sie Ihre Ziele erreichen wollen. Dazu benötigen Sie die erforderliche Spannkraft, die aber immer einen gewissen Spielraum offen hält. In welchem Bereich Ihres Lebens sind Sie unflexibel bzw. wo fehlen Ihnen die Klarheit und Ausdauer, die Sie Ziele erreichen läßt?

Krebs

Beim Krebs wachsen und vermehren sich die Zellen eines Organs unkontrolliert. Sie wuchern und verteilen sich über den Körper (Metastasierung). Die Krebszellen entziehen dem Körper die Nährstoffe und schränken Funktionen anderer Organe durch ihre Ausdehnung ein. Die Krebszellen nehmen keine Rücksicht auf den übrigen Organismus, obwohl sie sich mit diesem Verhalten selbst vernichten. Wenn der Körper stirbt, hat die Krebszelle keine Lebensgrundlage mehr. Überträgt man dieses Verhalten auf den Menschen, dann wird klar, warum Krebserkrankungen in den zivilisierten Ländern zunehmen. Es ist das egoistische Verhalten des Menschen, der nur seinen eigenen Vorteil sucht und dabei vergißt, daß er mit allem untrennbar verbunden ist. Wenn wir die Natur aussaugen, nur um uns zu bereichern, dann werden wir am Ende mit ihr zugrunde gehen. Krebs spiegelt dem Betroffenen auf der körperlichen Ebene nur sein eigennütziges Bewußtsein wider. Die Krebszelle erkennt nicht, daß sie ein Teil des Ganzen ist und daß alles, was dem Ganzen widerfährt, auch sie betrifft.

Was ist zu tun?

Erkennen Sie, daß Sie ein Teil des Ganzen sind. Alles, was Ihnen im Außen begegnet, ist ein Teil von Ihnen. Sie sind untrennbar mit allem verbunden. Der Ort und die Verhältnisse des Krebsgeschehens geben Auskunft über das Thema, in dem Sie sich vom Ganzen getrennt haben und Ihre Wege verfolgen. Bei der Krebszelle nimmt der Kern, die Steuerzentrale, immer mehr Bedeutung an. Genauso wird die Einstellung des Menschen von Kopflastigkeit charakterisiert. Das Herz, die Liebe, wird nur als zweitrangig betrachtet. Liebe ist das Symbol für Einheit. Hier liegt der Schlüssel für die Heilung. Krebs kann man nur heilen, wenn man sich wieder auf das Herz besinnt. Nicht zufällig ist das Herz das einzige Organ, das vom Krebs nicht befallen wird.

Kreislaufstörungen

Der Kreislauf reguliert die Verteilung des Blutes, das symbolisch für die Lebensenergie steht. Kreislaufstörungen sind also immer ein Zeichen, daß unsere Lebensenergie nicht im Fluß ist. Ein niedriger Blutdruck zeigt, daß keine oder wenig Energie benötigt wird. Es besteht keine Motivation für Aktivitäten. Der anhaltende niedrige Blutdruck deutet auf generelle Lebensunlust und Widerwillen gegen irgendwelche Aktivitäten hin. Im Gegensatz dazu steht der Bluthochdruck für eine übertriebene Aktivität. Hier wird dem Körper und der Seele keine Ruhe gegönnt. Entweder steht man unter ständigem Leistungsdruck, weil man meint, etwas beweisen zu müssen oder man läuft vor den eigenen Problemen davon. Solange man aktiv und beschäftigt ist, werden verdrängte Probleme nicht laut.

Periphere Durchblutungsstörungen bei den Händen weisen darauf hin, daß man nicht handeln will oder Angst davor hat und sich nicht traut. An den Füßen zeigen sie, daß man entweder nicht weitergehen will oder sich aber an dem Ort, wo man sich befindet, nicht wohlfühlt.

Beim Kreislaufkollaps versackt das Blut in der Peripherie, so daß die lebenswichtigen Organe nicht ausreichend mit Blut versorgt werden. Ein starker Impuls oder Schock bringt das Gleichgewicht durcheinander, das System zum Zusammenbrechen. Menschen, die schnell in Ohnmacht fallen und einen Kollaps bekommen, zeigen, daß sie ein sehr labiles inneres Gleichgewicht haben. Sie glauben, mit den Problemen nicht fertig werden zu können und ziehen sich in die Ohnmacht zurück. Sie fühlen sich schwach und hilflos.

Kurzsichtigkeit

Bei dieser Erkrankung kann man Dinge, die in der Ferne liegen, nicht deutlich und klar erkennen. Kurzsichtigkeit deutet also auf eine mangelnde Weitsicht hin. Dies kann in Furcht vor der Zukunft oder aber auch in der Unwilligkeit, nach vorne zu schauen, begründet sein. Besonders häufig ist sie deshalb auch bei Jugendlichen anzutreffen, die nur das interessiert, was sie direkt umgibt und denen die Weitsicht noch fehlt. Normalerweise ist unser Auge auf die Weite eingestellt. Erst durch Muskelkraft, also Anspannung, kann man sich auf die eigene Nähe konzentrieren. Im entspannten Zustand verfügen wir also über ein weites Gesichtsfeld, während die Anspannung uns mehr auf unser nahes Umfeld ausrichtet. Gleichzeitig zwingt die Kurzsichtigkeit, auf sich selbst zu schauen, um das Naheliegende zu erkennen.

Was ist zu tun?

Folgen Sie der Aufforderung der Krankheit und erkennen Sie, was Sie davon abhält, sich zu entspannen, um nach vorne zu schauen. Was wollen Sie nicht sehen? Was hält Sie davon ab, über Ihre kleine Welt hinaus den Blick auf das Ganze zu werfen. Wenn Sie zu sehr auf sich bezogen sind, entgeht Ihnen vieles von dieser wunderschönen Welt.

Lähmung (allgemein)

Hinter jeder körperlichen Lähmung steht immer eine geistig-seelische Unbeweglichkeit. Der Teil des Körpers, der gelähmt ist, gibt dabei den Hinweis auf die Art der Unbeweglichkeit. Sind die Beine gelähmt, zeigt das, daß ich nicht weitergehen will. Bei einer Lähmung der linken Körperhälfte will ich entweder nicht auf mein Gefühl hören oder meine Gefühle nicht ausdrücken. Ist die rechte Seite gelähmt, lehne ich den Verstand und das Außen ab. Über das Gesicht konfrontieren wir uns mit dem Leben und zeigen uns. Eine Gesichtslähmung deutet darauf hin, daß ich mich nicht zeigen will.

Was ist zu tun?

Bei einer Lähmung hat man sich unbewußt entschieden, die Kontrolle und Beweglichkeit eines bestimmten Teils abzugeben. Dahinter steht immer eine Angst vor den möglichen Folgen dieser Bewegung. Erkennen Sie also, wovor Sie sich fürchten. Fragen Sie sich z.B. bei einer Gesichtslähmung, was Sie von sich nicht zeigen wollen. Seien Sie sich bewußt, daß Sie der Schöpfer sind und sich jede Lebenssituation selbst erschaffen haben. Jede Krankheit ist nicht nur ein Ausdruck einer geistigen Haltung, sondern gleichzeitig auch ein Weg zur Heilung. Manchmal mag der Körper irreversibel geschädigt sein, während auf der geistigen Ebene noch Heilung geschieht.

Leistenbruch

Der Leistenbruch entsteht, wenn der Druck im Bauch zu groß wird. Dieses passiert häufig bei Überanstrengung und zu schwerem Heben. Man hat sich einen Bruch gehoben, sich übernommen. Im übertragenen Sinne heißt das, daß man einem psychischen Druck nicht gewachsen ist. Im Leistenbruch kann sich auch eine Überheblichkeit ausdrücken.

Was ist zu tun?

Hier gilt es, den seelischen Druck zu erkennen, dem man ausgesetzt und offensichtlich nicht gewachsen ist. Letztlich machen wir uns den Druck immer selber. Er ist ein Produkt unseres Denkens, unserer Bewertungen und Überzeugungen. Wenn wir uns nicht gut genug sind, uns nicht annehmen, wie wir sind, dann machen wir uns Druck, weil wir anders sein wollen. Immer wieder werden wir vom Leben dazu ermuntert, uns anzunehmen und zu lieben. Alle Probleme liegen nur in dem Unvermögen, sich selbst zu lieben.

Magenschleimhautentzündung (Gastritis)

Der Magen dient der Verdauung und bedient sich dabei der Magensäure. Durch unverträgliche Nahrung wird der Magen auf Dauer gereizt. Der Magen reagiert aber auch, wenn wir Probleme, Ängste, Haß, Aggressionen und Sorgen runterschlucken, die uns auf Dauer sauer machen. Ebenso verträgt er keine zu heißen und zu kalten Speisen, wie uns auch im Leben extreme Situationen auf Dauer nicht gut tun. Eine Dauerreizung im Leben, wie es beim Streß der Fall ist, können wir auch nur eine gewisse Zeit verkraften. Die Gastritis zeigt uns also, daß wir Unverdauliches in uns hinein fressen oder uns im Leben mit Situationen konfrontieren, die uns dauernd reizen.

Was ist zu tun?

Schlucken Sie nicht alles hinunter, sondern setzen Sie sich mit Ihren Konflikten auseinander, dann werden sie besser verträglich. Gleiches gilt für Ihre Gefühle, besonders für die anscheinend negativen Gefühle, wie Haß, Wut und Aggression, die ausgedrückt werden wollen. Fragen Sie sich, warum Sie sich nicht trauen, Ihre Gefühle des Ärgers auszudrücken. Oft ist es die Angst vor Ablehnung und die eigene negative Bewertung dieser Gefühle. Haß, Wut und Zorn gehören genauso zum Leben wie Freude und Liebe, sie sind Bestandteil dieser polaren Welt. Alles, was ich ablehne, ziehe ich an. Erst wenn ich alles als einen Teil von mir erkannt und angenommen habe, kann ich es loslassen.

Magersucht

Magersüchtige lehnen alles Irdische ab. Sie haben ein sehr hohes Ideal von Reinheit, so daß sie nicht nur das Essen, sondern auch die Sexualität ablehnen. Menstruationsbeschwerden oder das völlige Ausbleiben der Regel sind begleitende Symptome der Magersüchtigen. Sie haben Angst vor Nähe und ziehen das Alleinsein vor. Das wenige, was Sie essen, ist selten Süßes, worin sich die Ablehnung des Genusses widerspiegelt. Diese Einstellung kommt aus ihren Überzeugungen, die nicht selten im Widerspruch zu ihren körperlichen Bedürfnissen stehen. Viele sehnen sich in Wahrheit nach Befriedigung all ihrer Bedürfnisse, können dieses aber nicht zulassen, weil es ihrem hohen Ideal nicht entspricht. So überfällt sie gelegentlich der Heißhunger, dem sie sich nicht widersetzen können. Zur Beruhigung und Wiederherstellung der Reinheit erbrechen sie es wieder. Hinter jeder überzogenen Abwehrhaltung steht die Sehnsucht. Die eigenen Vorstellungen und Werte erlauben dieses nicht. Der Kopf will das Herz kontrollieren.

Was ist zu tun?

Voraussetzung für jede Heilung ist die Bereitschaft, wirklich etwas verändern zu wollen. Die Magersüchtige sollte erkennen, daß das, was im Außen abgelehnt wird, nur zeigt, daß sie etwas in sich ablehnt. Das Glück und den Frieden, den jeder sucht, finden wir aber nur, wenn wir uns ganz annehmen und uns lieben. Akzeptieren Sie Ihre Bedürfnisse, sie sind Ihnen vom Leben gegeben und sind Teil einer vollkommenen Schöpfung. Fühlen Sie in sich hinein, nehmen Sie Ihre Wünsche wahr, sie sind die Wegweiser zum Glück. Erkennen Sie, daß Ihre Bedürfnisse Ihrem hohen Ideal nach Reinheit nicht im Weg stehen. Im Gegenteil - es sind reine Bedürfnisse, unreine Bedürfnisse entstehen nur durch unsere Bewertung. Nichts in der ganzen Schöpfung ist unrein, es sei denn Sie machen es dazu.

Mandelentzündung

Die Mandeln dienen der Abwehr und filtern aus der Nahrung und Luft das, was nicht aufgenommen werden soll. Sie können dabei stark anschwellen und damit das Schlucken erschweren und sehr schmerzhaft machen. Die Mandelentzündung zeigt, daß man sich gegen das Aufnehmen wehrt. Man will etwas nicht schlucken, nicht wahrhaben. Man weicht einem Konflikt aus. Der Vorgang des Schluckens steht für die Bereitschaft, etwas in sich aufzunehmen und zu integrieren.

Was ist zu tun?

Welcher Auseinandersetzung wollen Sie sich nicht stellen? Wogegen wehren Sie sich im Moment? Wenn Sie das herausgefunden haben, sollten Sie nach den Hintergründen Ihres Verhaltens forschen. Was hindert Sie daran, sich der Situation zu stellen? Meistens ist es die Angst, damit nicht klar zu kommen oder etwas falsch zu machen. Wenn Sie sich dem Konflikt stellen, wird Ihnen von selbst bewußt, was Sie bisher davon abgehalten hat, die Probleme anzugehen. Durchleben Sie es, damit Sie erkennen, daß Ihre Ängste unbegründet waren. Ihnen kann in Wirklichkeit nie etwas geschehen.

Menstruationsbeschwerden

Störungen und Beschwerden bei der Menstruation treten bei vielen Frauen regelmäßig auf. Sie weisen darauf hin, daß ein bestimmter Aspekt des Frauseins unbewußt abgelehnt wird. Der Körper zeigt dieses deutlich, damit im Bewußtsein eine Veränderung geschehen kann. Dabei kann die Weiblichkeit grundsätzlich abgelehnt werden oder aber Widerstände gegen die Rolle als Mutter der auslösende Faktor sein. Die Mutterrolle steht symbolisch für die Demut, für die Bereitschaft, den Eigenwillen aufzugeben und sich dem Neuen hinzugeben.

Was ist zu tun?

Gerade wenn Sie regelmäßig unter Menstruationsbeschwerden leiden, sollten Sie einmal ehrlich Ihre Beziehung zum Frausein untersuchen. Vergessen Sie dabei nie, daß das Leben Sie nicht bestrafen will, sondern Ihnen nur helfen will, Ihr wahres Sein zu erkennen, damit Sie glücklich werden können. Fragen Sie sich auch, ob Sie ein erfülltes Sexualleben haben oder ob Sie in diesem Bereich die eigenen Bedürfnisse und Wünsche nicht zulassen können. Stehen Sie zu Ihrer Weiblichkeit, dann werden auch Ihre Menstruationsbeschwerden überflüssig.

Multiple Sklerose

Das Krankheitsbild der Multiplen Sklerose äußert sich in eingeschränkter Bewegungsfreiheit, Starrheit des Körpers und Unsicherheit in den Muskeln. Sie tritt schubweise auf, wobei die Schübe sehr unregelmäßig und mit unterschiedlicher Intensität auftreten. Die Erkrankten zeigen, wie der Körper es zum Ausdruck bringt, eine verhärtete und starre Geisteshaltung. Unbeweglich und unverrückbar verharren sie auf ihren Standpunkten. In bestimmten Themen sind sie absolut uneinsichtig und unflexibel. Dieses Verhalten kann so ausgeprägt sein, daß dieser Mensch schon auf den ersten Blick Kälte und Härte vermittelt. Allerdings gibt es auch einen Menschentyp, der einen ganz anderen Eindruck macht. Er ist freundlich, herzlich und scheint mit dem erstgenannten Typ nichts gemeinsam zu haben. Seine Starrheit und Verhärtung macht sich nur in einem Teil seines Lebens bemerkbar.

Was ist zu tun?

Multiple Sklerose macht schmerzhaft darauf aufmerksam, daß die starre Haltung aufgegeben werden soll. Hinter jeder verhärteten Einstellung steht die Ablehnung eines anderen Bereiches. Der Betroffene lehnt Teile seines Seins kategorisch ab. Dies gilt es zu erkennen und die Vorstellungen und Ängste, die zu dieser ablehnenden Haltung führen, loszulassen.

Muskelkrämpfe

Unsere Muskeln dienen der Bewegung des Körpers. Eine Verkrampfung verhindert die normale Bewegung, ist sehr schmerzhaft und verbraucht sehr viel Energie. Der Körper weist uns auf eine innere Verkrampfung hin, die häufig in Zusammenhang mit dem Erreichen unserer Ziele steht. Wie einseitige Belastung den Muskelkrampf hervorruft, so steht auch die Einseitigkeit unseres Denkens dem Ziel oft im Wege. Ein krampfhaftes Vorgehen, um seine Ziele zu erreichen, ist ineffektiv, kostet viel Energie und kann sehr schmerzhaft sein. Der Muskelkrampf macht uns darauf aufmerksam und zwingt uns zur Entspannung.

Was ist zu tun?

Gibt es Bereiche in Ihrem Leben, in denen Sie mit Zwang und Widerwillen versuchen, ein Ziel zu erreichen, oder verfolgen Sie ein Ziel, ohne sicher zu sein, daß Sie es wirklich wollen? Wenn Sie häufig Muskelkrämpfe haben, sollten Sie sich diese Fragen stellen. Hinterfragen Sie Ihre Absichten, und ergründen Sie die Motivation, die dahinter steht. Schauen Sie, ob Ihre Beweggründe aus Ihrem Herzen kommen oder ein Produkt Ihres wertenden Verstandes sind. Entscheiden Sie sich für den Weg des Herzens.

Muskelschwund

Wenn die Muskeln nicht gebraucht werden, dann baut der Körper diese ab. Beim Muskelschwund zeigt der Körper, daß das Bewußtsein sich nicht bewegen will. Die innere Handlungsunfähigkeit bzw. der Widerwille, sich mit bestimmten Dingen auseinanderzusetzen, wird vom Körper widergespiegelt. Ältere Menschen, die sich im Bewußtsein nicht mehr weiterentwickeln wollen, die nichts mehr dazulernen wollen und unflexibel sind, bringen dieses über ihren Muskelschwund sehr deutlich zum Ausdruck.

Was ist zu tun?

Erkennen Sie, daß Ihr Körper Sie auffordert, aktiv zu werden, sich mit dem Leben auseinanderzusetzen. Wenn Sie dazu bereit sind, werden Sie auch die Hindernisse ausräumen können, die Sie zu diesem passiven Verhalten geführt haben. Mangelndes Selbstvertrauen, Angst zu versagen oder Zweifel, was es zu tun gibt, stehen meistens dahinter. Beginnen Sie Schritt für Schritt, damit Ihr Selbstvertrauen sich stärkt und Sie nicht gleich wieder aufgeben, weil Sie sich überfordert haben. Auch beim Muskeltraining geht es nicht von heute auf morgen. Wer übertreibt, bekommt einen Muskelkater.

Nackenbeschwerden

Die Bewegungsfreiheit des Kopfes ist hier in der Regel eingeschränkt. Das seitwärts und nach hinten Schauen ist gar nicht oder nur unter Schmerzen möglich. Man kann nur in eine Richtung schauen, nach vorne. Dies ist ein Zeichen für eine unflexible und beschränkte Sichtweise, die hartnäckig verteidigt wird. Die Schmerzen zeigen, daß ein solches Verhalten uns nicht gut tut.

Was ist zu tun?

In welchem Bereich Ihres Lebens zeigen Sie zur Zeit ein hartnäckiges Verhalten? Wo richten Sie Ihre Aufmerksamkeit nur nach vorne und lassen dabei rechts und links außer acht? Forschen Sie nach den Ursachen dieses Verhaltens. Wollen sie recht haben? Haben Sie Angst, zu versagen oder etwas zu verlieren? Sind Sie zu ungeduldig? Entspannen Sie sich, und werden Sie flexibler in Ihrem Verhalten. Schauen Sie sich um, vielleicht gibt es noch ganz andere Möglichkeiten und Wege, Ihr Ziel zu erreichen.

Nervosität

Nervosität ist ein Zustand innerer Unruhe. Man fühlt sich aufgewühlt und aufgedreht und weiß nicht, wohin mit der Energie. So wie der Kaffee den Kreislauf anregt und ein Gefühl des Aufgedrehtseins hinterläßt, so ist der innere Stoffwechsel bei der Nervosität aufgedreht. Immer ist es ein innerer Druck, weil die Realität nicht so ist, wie man sie haben möchte. Entweder sucht man nach einer Lösung für ein Problem oder man versucht, seinen hohen Ansprüchen gerecht zu werden. Nervosität ist die Angst zu versagen, verbunden mit Perfektionismus. Daraus entsteht ein ständiger Druck, denn egal, wie man etwas gemacht hat, entweder kann man es noch besser machen oder die nächste Aufgabe wartet schon wieder auf Erledigung.

Was ist zu tun?

Zuerst einmal sollten Sie die Idealvorstellungen und Ihren Perfektionismus loslassen. Wenn Sie in jedem Moment Ihr Bestes geben, dann sind Sie mit sich in Frieden und verspüren innere Ruhe, sofern Sie Ihre Erwartungen, hohen Ansprüche und Vorstellungen loslassen können. Wenn die Anforderungen von außen kommen, dann seien Sie sich bewußt, daß dies immer nur ein Spiegel Ihrer eigenen Anforderungen ist. Fragen Sie sich mal, warum Sie so perfekt sein wollen. Warum Sie sich nicht zugestehen, auch mal einen Fehler zu machen. Angst vor Kritik und Ablehnung sind auch nur ein Zeichen für die eigene Ablehnung. Letztendlich sind Sie aufgefordert, sich als ein vollkommenes und wundervolles Wesen zu erkennen und sich selbst zu lieben.

Ohnmacht

Wer in Ohnmacht fällt, zeigt, daß er sich machtlos fühlt. Er ist
ohne Macht. Er verliert das Bewußtsein, das - wie man daran
deutlich erkennt - eng mit Macht verbunden ist. Macht ist das
Potential, etwas zu machen. Wer sein eigenes Potential nicht
anerkennt, will sich aus der Verantwortung ziehen. Er fühlt sich
lieber als Opfer, als der Schöpfer seines Lebens zu sein. Dahinter steht mangelndes Selbstvertrauen, die Angst, alles falsch zu
machen, zu versagen oder die Überzeugung, nichts machen zu
dürfen. Diesem Konflikt versucht man sich durch Ohnmacht zu
entziehen.

Was ist zu tun?

Sie sind der Schöpfer Ihres Lebens. Ob Sie dies bewußt oder
unbewußt tun, ändert an dieser Tatsache wenig. Sie können die
Verantwortung für Ihr Leben nicht abgeben. Nehmen Sie deshalb diese wieder bewußt an. Manchmal trägt man schwer an
der eigenen Verantwortung. Entscheidungen sind zu treffen, obwohl man die Folgen nicht kontrollieren kann. Man kann weder einem anderen noch den Lebensumständen mehr die Schuld
geben, und auch so manche andere scheinbare Schwierigkeit
ist zu bewältigen. Auf der anderen Seite bedeutet dieses die
wirkliche Freiheit. Wir sind freie Wesen und können uns selbst
aussuchen, was wir erfahren und erleben wollen.

Ohrenschmerzen

Wenn wir etwas nicht mehr hören wollen, dann kann es sein, daß uns die Ohren schmerzen. Ist es das rechte Ohr, dann ist das ein Hinweis, daß wir uns mit einer Situation nicht konfrontieren wollen. Wir wollen nichts mehr davon hören. Das schmerzende linke Ohr zeigt uns, daß wir nicht auf unsere innere Stimme hören. Wir sind uns selbst gegenüber ungehorsam und geben den Stimmen im Außen zu viel Bedeutung. Mit der inneren Stimme ist die Stimme unseres Herzens gemeint.

Was ist zu tun?

Fragen Sie sich, was Sie nicht mehr hören wollen bzw. warum Sie genug davon haben. Suchen Sie nicht mit dem Verstand nach Lösungen, er kann die Zukunft nicht vorhersehen. Fragen Sie Ihr Herz. Lauschen Sie nach innen, und hören Sie auf Ihre innere Stimme. Sie ist der kompetenteste Ratgeber und will immer nur Ihr Glück.

Parodontose

Das Zahnfleisch hat die Aufgabe, die Zähne zu stützen und ihnen den nötigen Halt zu geben, den sie für die Verarbeitung von Nahrung brauchen. Sie sind die erste Station bei der Verarbeitung und zeigen damit die Bereitschaft, sich mit dem Äußeren zu konfrontieren. Parodontose, eine Erkrankung des Zahnfleisches, bei der die schützende und haltgebende Funktion eingebüßt wird, zeigt, daß es uns an innerem Halt fehlt. Uns fehlt der feste Halt, um uns mit den Aufgaben des Lebens erfolgreich auseinanderzusetzen. Die empfindlichen Zahnhälse liegen durch den Rückgang des Zahnfleisches frei und reagieren auf den Kontakt mit der Außenwelt überempfindlich und schmerzhaft.

Was ist zu tun?

Die Erkrankung zeigt eine Haltung des Bewußtseins, die sich mit Problemen und Konflikten nicht konfrontieren will. Fragen Sie sich nach den Ursachen. Warum weichen Sie zurück und wollen nicht mehr richtig zubeißen? Überwinden Sie Ihre Widerstände und Ängste, und beißen Sie wieder richtig zu. Scheuen Sie sich nicht vor Konflikten, sondern nutzen Sie diese, um daran zu wachsen.

Prostatabeschwerden

Die Prostata ist eine männliche Geschlechtsdrüse. Ihre Erkrankung deutet damit schon auf einen Konflikt im partnerschaftlichen oder sexuellen Bereich hin, wobei das eine vom anderen an sich nicht getrennt werden kann. Unabhängig von der Art der Erkrankung geht sie meistens mit Beschwerden beim Wasserlassen einher. Dieses zeigt im geistig-seelischen Bereich die Schwierigkeit des Loslassens. Gleichzeitig entsteht ein innerer Druck. Der mitunter stündliche Harndrang spiegelt die permanente Aufforderung zum Loslassen wider.

Was ist zu tun?

Schauen Sie, wo Sie im partnerschaftlichen und sexuellen Bereich nicht im Einklang leben. Stimmen Ihre Wünsche und Bedürfnisse mit Ihrer Realität überein? Diese Kluft gilt es aufzulösen, indem Sie Ihre Vorstellungen von Partnerschaft und Sexualität loslassen. Lassen Sie sich auf das ein, was gerade in Ihnen und damit auch im Äußeren da ist. Wenn Sie Ihre Vorstellung, die Sie einengt, loslassen, dann kann sich der innere Druck auflösen und die Krankheit wird überflüssig.

Polyarthritis

Obwohl die Polyarthritis die Beweglichkeit des Körpers einschränkt, ist bei den meisten Betroffenen eine körperliche Überaktivität zu bemerken. Der gemeinsame Charakter äußert sich in einer fleißigen, bescheidenen, fast aufopfernden Haltung. Die körperliche zwanghafte Überaktivität ist ein Spiegel für die übergewissenhafte und übermoralische geistige Einstellung. Die Ursache für diese Haltung liegt meistens im mangelnden Selbstvertrauen und in der Angst vor Ablehnung. Es ist eine geistige Enge und Unbeweglichkeit, die zur starren Haltung werden kann. Die körperliche Unbeweglichkeit und Steifheit, die mit der Polyarthritis einhergeht, zeigt also die wirkliche geistige Einstellung. Das zwanghafte Verhalten führt automatisch zu Aggressionen, die, wenn sie nicht ausgedrückt werden, auch den Körper blockieren.

Was ist zu tun?

Auf allen Ebenen zeigt sich, daß der Betroffene die Einschränkungen loslassen soll. Es sind die selbsteinschränkenden Vorstellungen, wie man zu sein hat und was man tun muß. Diese haben ihren Ursprung in der Angst vor Konfrontation, vor Ablehnung und vor möglichen Fehlern. Wenn Sie weiterhin versuchen, es den anderen recht zu machen, werden Sie sich weiterhin einschränken. Sagen Sie Ja zu sich selbst, auch wenn es manchmal ein Nein zum anderen bedeutet.

Rheuma

Rheuma ist ein Sammelbegriff für zahlreiche Krankheitsbilder, die mit schmerzhaften Veränderungen der Gelenke, des Gewebes und der Muskulatur einhergehen. Es sind akute oder chronische Entzündungen, die zu mehr oder weniger starken Einschränkungen der Beweglichkeit führen. Rheumatiker haben Schwierigkeiten im Umgang mit ihren sogenannten negativen Gefühlen, also den Gefühlen, die sie selbst als schlecht, unreif oder menschenunwürdig bewerten. Die weite Verbreitung dieser Erkrankung zeigt, daß es ein generelles Problem unserer Gesellschaft ist, die zu Wut, Neid, Frustration, Ärger, Haß und Aggression eher ein ablehnendes Verhältnis hat.

Diese Haltung äußert sich in der Neigung, gerne zu kritisieren. Anstatt diese Gefühle anzunehmen und zum Ausdruck zu bringen, werden sie abgelehnt und verdrängt, also nicht rausgelassen. Diese nicht freigelassenen Energien führen im Körper zuerst zu Verspannungen, später lagern sie sich regelrecht ab. Sie entsprechen den nicht ausgeschiedenen Stoffwechselprodukten, die sich beim Rheumakranken als Ablagerungen in Gelenken und Geweben zeigen. Dieses führt zur Bewegungseinschränkung bis hin zur Steifheit, die nur die geistig festgefahrene, unbewegliche Einstellung widerspiegelt. Der Rheumakranke bewertet viel und hält an der Vorstellung von Gut und Böse fest. Da er seinen idealen Moralvorstellungen selbst nicht gerecht werden kann, belastet er sich zusätzlich noch mit Schuldgefühlen, die er durch eine übertriebene Hilfsbereitschaft und Aufopferung zu kompensieren sucht.

Was ist zu tun?

Ausdrücken und Loslassen statt Runterschlucken und Ablagern - das ist der Weg zur Heilung. Lernen Sie, Ihre Gefühle ehrlich wahrzunehmen und so zu sein, wie Sie sich fühlen. Nur wenn Sie bereit sind, Ihr ganzes Sein anzunehmen, zu dem auch die sogenannten Schattenseiten gehören, die weder gut noch böse sind, werden Sie Ihre Gefühle bereitwillig zum Ausdruck bringen. Hören Sie auf zu kritisieren. Sie kritisieren nur sich selbst. Sie sind vollkommen, so wie Sie sind. Haben Sie den Mut, und leben Sie auch vollkommen, indem Sie alle Seiten Ihres Seins zeigen.

Rückenprobleme

Die Wirbelsäule gibt dem Körper wie eine Säule Halt und Stütze. Sie ist Ausdruck unserer inneren Haltung. Gebeugte und aufrichtige Haltung beziehen wir automatisch auf die geistig-seelische Haltung. Der Rücken trägt die Last, und folglich weisen Rückenprobleme häufig auf eine Überlastung hin. Das kann in allen Bereichen des Lebens sein, die alle auf eine innere Überlastung deuten. Manche laden sich eine zu große Last auf, sie überfordern sich. Anstatt es sich leicht zu machen, machen sie es sich schwer. Ihre Ansprüche orientieren sich an Idealen und Perfektionismus. Man kann nicht mehr ertragen, was man zu tragen versucht.

Was ist zu tun?

Legen Sie die Last ab, indem Sie Ihre Vorstellung, wie etwas sein soll, loslassen. Fragen Sie sich, woran Sie so schwer tragen und warum Sie es sich nicht leicht machen. Was hindert Sie daran, das Leben zu genießen und in Leichtigkeit zu leben? Überprüfen Sie einmal alle Anforderungen und Aufgaben, die Sie sich selbst stellen, und lassen Sie alles los, wozu Ihr Herz nicht mit Freude Ja sagt. Manchmal liegt es auch nur an der Einstellung zu den Dingen oder an der Motivation. Auch hohe Ziele können dann mit Leichtigkeit erreicht werden.

Schielen

Allein das Erkennen von Gegenständen ist für unser Leben nicht ausreichend. Das Verhältnis dieser Gegenstände zueinander macht eine Orientierung erst möglich. Das räumliche Sehen ist uns nur durch zwei Augen möglich, die die Verhältnisse von zwei verschiedenen Standpunkten wahrnehmen und ein gemeinsames Bild daraus machen. Der Schielende hat diese Fähigkeit verloren. Seine Augen arbeiten nicht mehr zusammen, wodurch das räumliche Sehen erheblich einbüßt. Gleichzeitig sieht er die Dinge doppelt, so daß er sich nachher auf das Ergebnis eines Standpunktes reduziert, d.h. nur das Bild eines Auges sieht. Ebenso verhält es sich mit der geistigen Sicht des Schielenden. Er will nur einen Standpunkt akzeptieren und lehnt andere Sichtweisen ab. Dadurch ist seine Sicht der Dinge stark eingeschränkt.

Was ist zu tun?

Hier liegt die Aufforderung, die starre Sichtweise aufzugeben und das Leben aus verschiedenen Blickwinkeln zu betrachten. Erst in der Verbindung aller Standpunkte zeigt sich das Leben, wie es wirklich ist.

Schilddrüsenüberfunktion

Die Schilddrüse aktiviert mit ihren Hormonen den ganzen Stoffwechsel. Die Atmung, der Verdauungsapparat, Herz und Kreislauf - alles wird aktiviert. So sorgt die Schilddrüse für mehr Vitalität und Wachheit. Sie bildet sozusagen den Treibstoff für den Körper, dessen Bedarf bei der Schilddrüsenüberfunktion erhöht ist. Dieses zeigt sich auch im Heißhunger der Betroffenen, die offensichtlich nicht genug Energie bekommen können. Die Überfunktion ist somit ein Symbol für Gier und Unersättlichkeit. Man versucht, ein Bedürfnis mit einem bestimmten Verlangen zu stillen, was offensichtlich nicht gelingt. Wer im Außen sucht, was nur im Inneren zu finden ist, wird lange suchen.

Was ist zu tun?

Erkennen Sie, daß Sie alles, wonach Sie suchen, in sich tragen. Das Außen ist immer nur ein Spiegel des Inneren. Richten Sie Ihre Aufmerksamkeit nach innen und lassen Sie die Suche im Außen los. Jede Gier, jede Sucht, ist immer die Suche nach sich selbst. Nur in sich wird jedes Bedürfnis wirklich gestillt werden können. Wahren Frieden und wirkliches Glücklichsein finden Sie nur in sich selbst.

Schlaflosigkeit

Die Nacht steht in dieser polaren Welt als Gegenpol zum Tag. Sie symbolisiert den Schatten, den Tod, das Unbewußte und für viele Menschen auch das Böse, die Unterwelt. Im Schlaf kommen die Schatten hoch, alles was ins Unterbewußte verdrängt wird, wird in der Nacht lebendig. Schlafstörungen zeigen eine unbewußte Angst vor diesen Schattenbereichen. Es wird nur der bewußte Pol des Seins angenommen, während die Nacht, das Unbewußte, abgelehnt wird. Aber wir können uns davon nicht trennen, es gehört zu uns. Darum können wir ohne Schlaf auch nicht lange leben. Wirklicher Schlafmangel als Dauerzustand ist selten. Der Körper holt sich den nötigen Schlaf; notfalls auch am Tage. Hinter dem Verlangen nach Schlaf - und das gilt besonders für Langschläfer - steht meist eine Flucht vor dem Leben. Angst vor dem Tod ist eine häufige Ursache bei Schlafstörungen. Wer seine Verstandestätigkeit nicht abstellen kann, Probleme nicht loslassen kann, immer die Kontrolle behalten will, hat oft Schlafstörungen. Äußere Ursachen, wie der Genuß von anregenden Getränken oder Lärm und anderes, sind immer ein Spiegel für eine innere Ursache.

Was ist zu tun?

Schlafmittel sind keine geeignete Lösung. Sie beseitigen nicht die Ursache und man hat festgestellt, daß die Qualität des Schlafes mit Schlafmitteln unzureichend ist. Wenn Sie unter Schlafstörungen leiden, sollten Sie nach der Ursache forschen. Akzeptieren Sie Ihre Schattenseiten und festigen Sie Ihr Vertrauen in das Leben. Nehmen Sie sich vor dem Zubettgehen Zeit, und schließen Sie den Tag ab. Unerledigte Arbeiten, Probleme und Entscheidungen sollten Sie loslassen und auf den Tag verschieben. Schreiben Sie auf, was Sie am nächsten Tag oder in Zukunft erledigen wollen, damit Sie nicht mehr daran denken müssen und es loslassen können.

Schlaganfall

Der Schlaganfall, der das Gehirn oder das Herz betreffen kann, wird körperlich durch eine Verengung der Blutgefäße ausgelöst. Es kommt zu einer Unterversorgung, die zum Absterben der entsprechenden Bereiche führen kann. Die Folgen des Hirnschlages sind sehr unterschiedlich, zwingen aber immer zu einer Veränderung der Lebensweise. Eine Einseitigkeit im Denken, die in den halbseitigen Lähmungserscheinungen des Körpers deutlich wird, steht dahinter und will korrigiert werden. Der Herzschlag weist dabei mehr auf ungelebte emotionale Bereiche hin. Vor allem die Unterdrückung und nicht erfolgte Verarbeitung von schwierigen Lebensphasen, oft ist es die Trennung oder der Verlust eines geliebten Menschen, stehen hinter einem Herzschlag.

Was ist zu tun?

Die Einseitigkeit gilt es aufzulösen. Finden Sie die Bereiche Ihres Lebens, mit denen Sie nicht ganz zufrieden sind, wo Sie gerne etwas verändern würden. Schauen Sie dabei auch auf die Vergangenheit. Sollte hier noch etwas sein, was Sie am liebsten nachträglich verändern möchten, ist das ein wichtiger Hinweis auf einen ungelösten Konflikt. Egal, wie er sich darstellt, ist es meistens etwas, was Sie sich selbst nicht verziehen haben. Vorwürfe und Schuldzuweisungen an andere spiegeln nur die Selbstvorwürfe wider. Schließen Sie mit der Vergangenheit ab. Es gibt nichts, was Sie oder irgend jemand anderes falsch gemacht haben.

Schmerz

Schmerzen sind immer eine Aufforderung, eine Änderung vorzunehmen. Jede Bewegung und jeder Ausdruck hat seinen Ursprung im Bewußtsein. So hat auch jeder körperliche oder emotionale Schmerz seinen Ursprung im Bewußtsein. Hier gilt es, etwas zu verändern. Schmerz steht für Unangenehmes, etwas, das man nicht haben will, für das Nein zum Leben. Dieses Nein will in ein Ja verwandelt werden. Körperteil, Dauer, Intensität und Art des Schmerzes geben Auskunft über die Zusammenhänge und das Problem, das hinter dem Schmerz steht.

Was ist zu tun?

Etwas gegen die Schmerzen zu tun, bedeutet wieder ein Nein und bewirkt genau das Gegenteil. Vielleicht lassen sich Schmerzen, körperlich oder emotional, eine Weile verdrängen, aber damit verändern Sie nicht die Ursache. Vor allem nehmen Sie sich dabei die Chance zu heilen. Denn jeder Schmerz ist schon ein Teil der Heilung. Wenn Sie Ja zum Schmerz sagen, sagen Sie Ja zu dem, was Sie abgelehnt und verneint haben. In dem Moment, wo Sie Ja sagen, hat der Schmerz seine Aufgabe erfüllt und kann gehen.

Schnupfen

Schnupfen ist ein Hinweis für eine Überlastung. In der Rede-
wendung „die Nase voll haben" wird das treffend zum Ausdruck
gebracht. Ist das Maß voll, läuft das Faß, die Nase, über. Mit
einem Schnupfen kann man sich zurückziehen. Was man sich
vorher nicht erlaubt hat, bewußt oder unbewußt, dazu zwingt
der Körper einen nun. Die Nase, als Symbol für feinstoffliche
Wahrnehmung und Kontakt mit dem Außen, zeigt bei einem
Schnupfen, daß im zwischenmenschlichen Bereich ein Konflikt
besteht. „Ich kann dich nicht mehr riechen" sagt der Volksmund
und macht das körperlich mit einer vollen Nase deutlich.

Was ist zu tun?

Die laufende Nase zeigt, daß Reinigung bereits geschieht. Jedes
Krankheitsbild ist schon Ausdruck von Heilung. Folgen Sie also der Aufforderung Ihrer Krankheit und lassen Sie den Druck
ab. Was ist es, das Sie nicht mehr riechen können, und wovon
haben Sie die Nase voll? Machen Sie sich selbst nicht so viel
Druck, sondern hören Sie auf Ihre wahren Bedürfnisse, auch
wenn das nicht immer Ihren Vorstellungen entspricht.

Schuppenflechte (Psoriasis)

Die oberste Schicht der Haut ist verhornt und dient dem Menschen zum Schutz. Die Haut grenzt uns von der Umgebung ab und bildet gleichzeitig die Kontaktfläche zur Außenwelt. Bei der Schuppenflechte kommt es zu einer übermäßigen Verhornung, damit macht sie ein erhöhtes Schutzbedürfnis des Betroffenen deutlich. Er meint, sich vor der Umgebung und den anderen Menschen schützen zu müssen. Angst vor Verletzung, Enttäuschung und Ablehnung lassen ihn auf Distanz gehen. In Wahrheit sucht aber auch dieser Mensch Nähe, Wärme, Anerkennung und Zuneigung. Die aufplatzende Haut öffnet seinen Schutzpanzer und macht ihn verletzlich.

Was ist zu tun?

Wieder zeigen die Symptome, was es zu tun gibt. Sich zu isolieren und mit einem Panzer zu schützen, ist keine Lösung und funktioniert nicht. Der Panzer bricht auf und fordert den Erkrankten auf, sich verletzlich zu machen und zu öffnen. Sicherheit, die man sucht, gibt es nicht. Seien Sie sich bewußt, daß die Ursache für Ihr Verhalten Ihr mangelndes Selbstvertrauen ist und Ihre Angst vor Ablehnung. Sie sind nicht minderwertig, auch wenn Sie es denken sollten. Öffnen Sie sich langsam und Schritt für Schritt, indem Sie sich mit Ihren Gedanken und Gefühlen zeigen und mitteilen. Je ehrlicher Sie sind, um so mehr Anerkennung, Wärme und Liebe wird Ihnen gegeben.

Schwangerschaftsprobleme

Schwangerschaftsprobleme deuten auf einen meist unbewußten Widerstand gegen die neue Situation hin. Das muß nicht die Ablehnung des Kindes sein, sondern kann sich auf die veränderten Bedingungen beziehen. Die Figur verändert sich, Arbeits- und Lebensrhythmus werden anders und vieles mehr. Die äußerlichen Veränderungen spiegeln dabei nur die innere Entwicklung wider. Mit fast jeder Schwangerschaft und Geburt sind daher Konflikte und Probleme verbunden, die sich natürlich dann auch körperlich bemerkbar machen. Es wird nicht nur ein neues Kind geboren, sondern auch die Mutter geht aus dieser Phase verändert hervor.

Was ist zu tun?

Verurteilen Sie sich nicht für ablehnende Gedanken oder körperliche Widerstände. Sie sind absolut menschlich und zeigen nur, daß die Situation Sie herausfordert. Sagen Sie nicht nur Ja zur Schwangerschaft und dem Kind, sondern auch zu Ihren Schwierigkeiten und Ängsten. Seien Sie bereit, sich zu verändern und sich ganz auf das Neue einzulassen, dann benötigen Sie keine unangenehmen oder schmerzenden Hinweise mehr.

Schwerhörigkeit

Der Schwerhörige kann nur noch laute Stimmen und Geräusche vernehmen. Die leisen Stimmen kann er nicht mehr wahrnehmen. Jedes Nichtkönnen heißt aber immer auch ein Nichtwollen. So sagt der Schwerhörige, daß er nicht mehr hören will. Was er nicht hören will, ist die innere Stimme, die leise Stimme seines Herzens. Gleichzeitig will er aber auch nicht mehr auf die anderen hören, nach denen er sich bisher gerichtet hat.

Was ist zu tun?

Lassen Sie Ihre Vorstellungen los, wie etwas zu sein hat und wie es richtig ist. Es geht nicht darum, so zu sein und zu denken, wie es die Moral oder andere Menschen gerne hätten. Glücklich werden können Sie nur, wenn Sie Ihrem eigenen Sein entsprechend leben. Tun Sie, was Sie für richtig halten und was Ihnen entspricht. Hören Sie wieder auf die leise Stimme Ihres Herzens.

Schwindel

Wem schwindelig wird, der verliert den Halt und die Orientierung. Er hat keinen klaren Blick mehr und ist nicht im Gleichgewicht. All diese körperlichen Erscheinungen entsprechen dem eigentlichen Problem, das dahinter steht, ganz genau. Der Betroffene ist von der Situation überfordert. Ihm fehlt der Durchblick, wodurch er nicht weiß, wo er mit seinem Problem steht, und in welche Richtung er sich bewegen soll. Er hat nichts, an dem er sich orientieren bzw. festhalten kann. Er droht zu stürzen und den Boden unter den Füßen zu verlieren.

Was ist zu tun?

Handelt es sich um einen einmaligen Fall, betrifft es genau die derzeitige Situation. Treten die Schwindelanfälle aber häufiger auf, dann steht ein generelles Problem dahinter. Wer nicht auf eigenen Füßen stehen kann, sagt nur, daß er nicht auf eigenen Füßen stehen will. Überfordern Sie sich nicht mit einer Situation, indem Sie diese überstürzt angehen, aber seien Sie gewillt, sie selbst zu meistern. Finden Sie den Halt in sich, in dem Vertrauen, daß Sie, wie jeder andere Mensch auch, mit jeder Situation fertig werden können. Es gibt kein Problem, das Sie nicht lösen könnten. Sie brauchen keine Stütze und keinen, der Ihnen zeigt, wo es lang geht.

Sehnenscheidenentzündung

Die Sehnenscheidenentzündung entsteht durch Reibung bei überhöhter Aktivität. Es kommt zu einer Überreizung, die sich schmerzhaft und bewegungseinschränkend bemerkbar macht. Hier liegt entweder eine psychische Überlastung, eine Dauerreizung, vor, weil ein Widerwille gegen die derzeitige Tätigkeit da ist. Oder der Körper will darauf hinweisen, daß er überreizt ist und jetzt endlich eine Pause braucht. Dieses gilt besonders für viele sportlich bedingte Sehnenscheidenentzündungen.

Was ist zu tun?

Fragen Sie sich, ob Sie die Tätigkeit, bei der Sie sich die Sehnenscheidenentzündung geholt haben, wirklich gerne tun. Wenn nicht, suchen Sie nach der Ursache. Wollen Sie Ihre Einstellung nicht ändern, dann sollten Sie diese Tätigkeit nicht mehr oder so wenig wie möglich ausführen. Ansonsten wird Ihnen Ihr Körper bald eine stärkere Aufforderung schicken. Sie sind hier, um ein glückliches Leben zu führen, und da will Sie Ihr Herz hinführen. Also hören Sie auf die Stimme Ihres Herzens, die sich manchmal den Körper als Sprachorgan ausleiht.

War der Sport oder das Hobby der Auslöser, also eine Tätigkeit, die Freude macht, dann sollten Sie sich fragen, ob Sie anderen Bereichen Ihres Lebens ausweichen, indem Sie sich in den Sport flüchten. Die Sehnenscheidenentzündung zwingt Sie zum Pausieren, so daß sich dieser verdrängte Bereich bemerkbar machen kann. Laufen Sie nicht wieder davon, indem Sie sich in eine andere Sache hineinstürzen, sondern lösen Sie den Konflikt, damit Sie nachher wieder mit Freude Ihrem Sport und Ihrem Hobby nachgehen können.

Sodbrennen

Beim Sodbrennen verursacht überschüssige Magensäure, die in der Speiseröhre hochsteigt, ein brennendes Gefühl im Brust- und Halsraum. Magensäure steht für die notwendige aggressive Kraft, die für die Verdauung erforderlich ist. Dieser Überschuß zeigt uns zum einen, daß wir uns gerade mit einem wichtigen Problem auseinandersetzen und zum anderen, daß wir dazu eine gewisse Aggression benötigen und einsetzen sollen. Überschüssige Magensäure ist das Symbol für angestaute Aggression. Es macht uns auf Dauer sauer.

Was ist zu tun?

Hier gilt es, nicht weiterhin passiv zu sein, sondern die eigene Kraft zu nutzen, um sich durchzusetzen und das Problem zu lösen. Gerade in Konflikten mit anderen Menschen ziehen sich viele zurück aus Angst vor Konfrontation und Ablehnung. Doch beim Sodbrennen ist die Aufforderung eindeutig: sich durchzusetzen, damit man nicht innerlich aufgefressen wird.

Star (grauer)

Aufgrund einer Stoffwechselstörung kommt es beim Grauen Star zu einer Trübung der Hornhaut. Diese kann plötzlich auftreten und auch wieder schnell verschwinden. Je nach Grad der Erkrankung ist das Sehen mehr oder weniger eingeschränkt. Mit anderen Worten: Beim Grauen Star ist der Blick getrübt. Man kann bzw. will die Dinge nicht mehr klar sehen. Es ist eine Art Flucht vor den Problemen, die der Körper deutlich macht. Mangelndes Vertrauen in die eigene Fähigkeit und die Angst, mit dem Problem nicht fertig zu werden, läßt so manchen lieber die Augen schließen.

Was ist zu tun?

Betrachten Sie einmal alle Bereiche Ihres Lebens und finden Sie heraus, wo Sie nicht ganz zufrieden sind. Das kann auch eine generelle Unzufriedenheit sein, die Sie schon längere Zeit begleitet. Nun öffnen Sie Ihre Augen und erkennen Sie, was Sie im Detail stört. Schauen Sie das Problem an und beginnen Sie, nach Lösungen zu suchen. Es gibt immer eine Lösung, aber nur, wenn man sie finden will, findet man Sie auch.

Star (grüner)

Beim Grünen Star handelt es sich um einen erhöhten Augeninnendruck, der zur Einschränkung des Gesichtsfeldes führt. Das Blickfeld kann bis zum sogenannten Röhrensehen eingeengt werden. Der erhöhte Augeninnendruck zeigt den inneren Druck, unter dem der Betroffene steht. Sein Gefühlsstau wird durch die Blockade der Tränenkanäle symbolisiert. Er kann nicht mehr weinen, die nicht geweinten Tränen rauslassen. Zum eigenen Schutz, um sich nicht weiterhin mit dem Problem konfrontieren zu müssen, schränkt er sein Blickfeld ein, damit er es nicht mehr sieht. Er läuft mit Scheuklappen durch die Welt, als Symbol seiner Ängstlichkeit. Meistens ist es die Folge eines ungelösten Konflikts, einer Trennung oder des Verlustes eines nahestehenden Menschen.

Was ist zu tun?

Mit Wegschauen läßt sich kein Problem lösen, höchstens für eine gewisse Zeit verdrängen. Dann aber macht das Problem auf sich aufmerksam, damit es endlich zur überfälligen Weiterentwicklung transformiert werden kann. Hinter jeder Schwierigkeit steht immer das Potential und die Aufgabe, das Bewußtsein zu erweitern. Seien Sie mutig und tasten Sie sich zielstrebig an diese Aufgabe heran. Setzen Sie sich bereitwillig mit allem Unangenehmen auseinander, damit es sich im Erleben auflösen kann und Sie Ihren Blickwinkel wieder erweitern.

Stottern

Der Stotterer hat Angst vor seinen angestauten Gefühlen und seinen eigenen Bedürfnissen. Er versucht, diese zu unterdrücken und alles, was aus ihm herauskommt, zu kontrollieren. Deshalb ist seine Sprache nicht fließend, sondern abgehackt, zerstückelt und schwer verständlich. Er versucht unbewußt zu kontrollieren. Daß er mit vertrauten Personen bzw. alleine weniger Schwierigkeiten hat, zeigt, daß es seine Angst ist, sich zu zeigen, die sich hinter dem Stottern verbirgt.

Was ist zu tun?

Die Angst, nicht gut genug zu sein, gilt es langsam abzubauen. Das läßt sich aber theoretisch nicht machen. Man kann dem Stotterer bestenfalls Mut machen und ihn immer wieder ermuntern, sich zu zeigen und seine Gefühle und Gedanken mitzuteilen. Erst wenn er keine Angst vor Ablehnung mehr hat, weil er weiß, daß er gut so ist, wie er ist, kann er das Stottern loslassen. Dann läßt er einfach fließen, was in ihm ist, und sein Ausdruck, seine Sprache, wird auch wieder fließend.

Thrombose

Bei der Thrombose ist der Blutfluß gestört. Ein Blutgerinnsel verengt das Blutgefäß, so daß es zu einer Blutstauung kommt. Hier ist also die Lebensenergie nicht im Fluß. Annehmen und Loslassen sind nicht mehr im Gleichgewicht. Die Lokalisation der Thrombose gibt nähere Auskunft über den Bereich des Lebens, in dem die Lebensenergie ins Stocken geraten ist. Oft sind die Beine betroffen, die ebenfalls für das Weitergehen und Voranschreiten stehen und damit die Behinderung des Lebensflusses noch einmal unterstreichen. Der Betroffene verschließt sich selbst den Zugang zu bestimmten Bereichen des Lebens. Eine Ursache für die Thrombose ist die mangelnde Elastizität der Blutgefäße, die für die Unflexibilität der Person steht.

Was ist zu tun?

Hinterfragen Sie einmal die verschiedenen Bereiche Ihres Lebens, wie weit Sie sich verändern und beweglich sind, oder ob Sie stagnieren und nicht im Fluß sind. Jede Unzufriedenheit ist ein Zeichen für den blockierten Lebensfluß. Häufig sind es überholte Vorstellungen und Meinungen, die festgehalten werden und damit eine Entwicklung behindern. Werden Sie flexibler in Ihrem Denken und lassen Sie neue Möglichkeiten zu, damit Ihre Energie wieder fließen kann.

Übelkeit und Erbrechen

Wenn wir etwas aufgenommen haben, was wir nicht leicht verdauen können, dann kommt es zu Übelkeit und Erbrechen. So geht es uns auch, wenn wir zuviel aufgenommen oder mehrere Dinge gleichzeitig und durcheinander in uns reingefressen haben. Ein Problem liegt uns genauso im Magen, wenn wir es nicht verdauen können. Übelkeit zeigt die unbewußte Ablehnung, die noch massiver beim Erbrechen zum Ausdruck kommt. „Wir finden es zum Kotzen" sagen wir oder „mir wird schon ganz schlecht, wenn ich daran denke". Diese unbewußte Ablehnung zeigt sich zum Beispiel auch in der Schwangerschaftsübelkeit.

Was ist zu tun?

Erkennen Sie, wogegen Sie sich so massiv wehren und was Sie sich nicht einverleiben wollen. Letztendlich lehnen Sie einen Teil von sich selbst ab, den Sie sich bewußt zueigen machen sollen. Statt sich weiterhin dagegen zu wehren und die Situation abzulehnen, sollten Sie beginnen, nach einer Lösung zu suchen. Mit dem Aufgeben der Abwehrhaltung verschwindet auch die Übelkeit.

Unfruchtbarkeit

Unfruchtbarkeit zeigt, daß auf einer bestimmten Ebene die Bereitschaft für ein Kind noch nicht da ist, auch wenn die Betroffenen sich sehnlichst ein Kind wünschen und eine mangelnde Bereitschaft selbst nicht erkennen können. Bei der Frau kann sich dieses auf die Angst vor der Schwangerschaft und die möglichen körperlichen Konsequenzen beziehen. Ebenso kann die Angst vor den Alltagsveränderungen, der zunehmenden Verantwortung und den Einschränkungen, die ein Kind mit sich bringt, bei Mann und Frau ein Grund für die Unfruchtbarkeit sein. Eine weitere Ursache für Unfruchtbarkeit kann der zweckgebundene Kinderwunsch sein, z.B. der Versuch, den Partner mit einem gemeinsamen Kind zu binden, oder die Flucht aus unbefriedigenden Lebens- und Arbeitsverhältnissen.

Was ist zu tun?

Ein Kind bedarf der ganzen Aufmerksamkeit der Eltern und der Bereitschaft, eigene Wünsche in den Hintergrund zu stellen. Fragen Sie sich einmal ganz ehrlich, ob Sie dazu bereit sind und was Ihre wahren Gründe für den Kinderwunsch sind. Wenn Sie die Hintergründe erkannt haben, können Sie diese bewußt loslassen und damit die Ursache der vermeintlichen Unfruchtbarkeit aus dem Weg räumen.

Verstopfung

Bei der Verstopfung können wir Dinge nicht loslassen, obwohl wir sie eigentlich schon verdaut und verarbeitet haben. Hier zeigt sich die Schwierigkeit des Loslassens, die sich auf die materielle und immaterielle Seite beziehen kann. Letztendlich steht aber immer ein Nichtloslassenkönnen auf seelischer Ebene dahinter. Verlustangst, die Angst, etwas Wichtiges und Bedeutendes zu verlieren oder zu früh loszulassen, ist meistens damit verbunden. Es kommt teilweise zu einer schmerzhaften Anstauung, wodurch der Körper auf die Dringlichkeit und Überfälligkeit des Loslassens hinweisen will. Vor allem vergangene Erlebnisse und Gefühle werden unnötigerweise festgehalten.

Was ist zu tun?

Die Überzeugung, daß die Vergangenheit einen Einfluß auf unser gegenwärtiges Leben hat, veranlaßt viele, an ihr festzuhalten. Deshalb ist die körperliche Verstopfung ein so häufig anzutreffendes Problem. Die Vergangenheit wie auch die Zukunft werden aber in jedem Augenblick erschaffen. Beachten Sie nicht mehr die Vergangenheit, sondern schauen Sie, was in jedem gegenwärtigen Augenblick da ist, und leben Sie entsprechend. Sie sind der Schöpfer, nicht die Vergangenheit!

Weitsichtigkeit

Weitsichtigkeit ist ein Krankheitsbild, das in erster Linie ältere Menschen berifft. Naheliegendes wird dabei nur undeutlich wahrgenommen. Ähnliches zeigt sich in den Gedächtnisproblemen, die viele ältere Menschen haben. An weit Zurückliegendes können sie sich gut erinnern, während das Kurzzeitgedächtnis manchmal ein großes Sieb zu sein scheint. Beide Symptome zeigen, daß der alte Mensch nicht mehr ganz da ist. Er ist mit seiner Aufmerksamkeit mehr in der Vergangenheit und Zukunft, in Erinnerung und Weitsicht, anstatt in der Gegenwart.

Was ist zu tun?

Fragen sie sich, wie weit Sie noch Freude am Leben haben oder ob Sie auf einer gewissen Ebene mit dem Leben schon abgeschlossen haben. Warum möchten Sie in der Gegenwart nicht mehr präsent sein? In jedem Alter hat das Leben Aufgaben für uns, die uns erfüllen und Freude machen. Sie dienen ebenso der Weiterentwicklung, wie alles, was Sie in Ihrem Leben getan haben. Um das zu erkennen, müssen Sie Ihre Vorstellung von sinnvollem Leben überprüfen und wahrscheinlich loslassen, damit Ihnen eine neue Möglichkeit bewußt werden kann. Es gibt sie, und sie wartet auf Sie. Jeder Augenblick Ihres Lebens enthält die Möglichkeit, sinnvoll und erfüllt gelebt zu werden.